学生のための
HRM
入門

小野豊和｜著

Human
Resource
Management

文眞堂

はじめに

　本書は人的資源管理を初めて学ぶ大学生向けにまとめたテキストである。同時に，企業や組織で人事業務に携わる社会人や企業・組織において人的資源管理に関心のある人々すべてを対象に考えている。
　「事業経営において，たとえば技術力も大事，販売力も大事，資金力も大事，また人も大事といったように，大切なものは個々にはいろいろあるが，一番根本になるのは，正しい経営理念である。正しい経営理念が根底にあってこそ，人も技術も資金もはじめて真に生かされてくるのである。また一面それらはそうして正しい経営理念のあるところから生まれてきやすいものである。だから経営の健全な発展を生むためには，まずこの経営理念を持つということから始めなくてはならない」[1]

「人をつくること」
　"事業は人なり" といわれるが，これは全くその通りである。どんな経営でも適切な人を得てはじめて発展していくものである。いかに立派な歴史，伝統を持つ企業でも，その伝統を正しく受けついでいく人がいなければ，だんだん衰退していってしまう。経営の組織とか手法とかももちろん大切であるが，それを生かすのはやはり人である。……企業が社会に貢献しつつ，みずからも隆々と発展していけるかどうかは，一にかかって人にあるともいえる。だから，事業経営においては，まず何よりも，人を求め，人を育てていかなくてはならないのである。……お得意先に行って『君のところは何をつくっているのか』とたずねられたら，『松下電器[2]は人をつくっています。電気製品もつくっていますが，その前にまず人をつくっています』とよくいったものである。それでは，どのようにすれば人は育つかということだが，……一番大切な事は「この企業は何のためにあるのか，またどのように

経営していくのか」という基本の考え方を持つことである。そうした会社としての基本の考え，方針がはっきりしていれば，経営者なり管理監督者としても，それに基づいた力強い指導もできるし，またそれぞれの人に，それに従って是非の判断ができるから，人が育ちやすい。ところが，そうしたものがないと，部下指導にも一貫性がなく，その時々の情勢なり，自分の感情に押し流されるといったことになりかねないから，人が育ちにくい。だから経営者として人を得たいと思うならば，まずみずからしっかりとした使命感，経営理念を持つことが先決である。[3]

経営における三大要素は人・もの・金であり，IT時代となってからは情報がプラスされるようになった。パナソニックの創業者松下幸之助が言った「ものを作る前に人を作る会社」の意味を考えてみよう。戦後，復興が軌道に乗った頃，パナソニックは「限りなく優良品を世の中に，豊かな電化生活を人々に」とのスローガンを掲げた。最高の品質を維持した製品を作り出すのは従業員，製品を購入して豊かな電化生活を楽しむのは国民である。人＝人的資源はどこにでも存在する。いつの時代にあっても，社会・組織の核となって健全な社会の実現に向けて智恵を出し，行動するホモサピエンス[4]が必要なのである。

「学生は"考える葦"」

2012年，上野動物園でパンダの子供が誕生した。東京都民の期待を集めたパンダ誕生だったが，親パンダは途中から子育てを放棄し数日で死んでしまった。動物の世界では自力で育つ力が無い子は放棄してしまう。"虎は子を千丈の谷に落とす"と言う。谷に落とされても生きる力があれば這い上がる。這い上がれるもののみが生き延びるのだ。母パンダは子を育てるが，そのノウハウは親から教わったものではない。動物に備わった本能がそうさせているのである。人間は同じ被造物ではあるが，創造主は人間に智恵を授けた。智恵と言うものはある面厄介なものである。善悪の判断は智恵によってなされる。知恵は知識の集積と経験によって洗練されるが，知識を授ける側の知力，熱意によるところがある。あるいは天童と呼ばれるように，"鳶が

鷹を生む"場合もある。鳥の世界では鳶よりも鷹が賢いとされ，"鳶が鷹を生む"とは，子が親を超える人物になったときの褒め言葉として使われる。

　フランスの哲学者パスカルは「人間は考える葦である」と言った。地に根をはった葦は，嵐に吹かれようとも耐えて生き続けるように，真理を探求しようという強い信念と意志を持つ人間は，時代の変化に流されることなく，理性を持って社会に有用な人間として生き伸びると私なりに解釈している。昔のことだが，NHK の朝ドラの主人公を慰める祖父が「山は大きくて動かない。人間は小さくて弱い。しかし，行きたいところに行くことができる」[5]と言った言葉を思い出した。大きな歴史の流れの中で小さな人間は何もできないかもしれない。しかし，自由な時代にあって，自由に学ぶことも，自由に行動することもできる。自分の進むべき道を自分で選択する自由があるのだ。

注
1　松下幸之助『実践経営哲学』pp.7-8。
2　正確には松下電器産業株式会社だが，2008 年に全世界統一社名としてパナソニック株式会社に変更した。
3　松下幸之助『実践経営哲学』pp.77-79。
4　ホモサピエンス（Homo sapiens）：ラテン語で知性人・叡智の人の意。現代人類の学名（広辞苑）。
5　1998 年に放送した NHK 連続テレビ小説「純ちゃんの応援歌」から引用した一節。

目　次

はじめに

第 1 章　学生を取り巻く環境の変化 …………………………… 1
   1-1.　地（知）の拠点としての大学 ……………………………… 2
   1-2.　初年次教育は必要"善" ……………………………………… 5
   1-3.　就活と採用スケジュールの変化 …………………………… 7

第 2 章　HRM 概念の変遷 ……………………………………… 12
   2-1.　PM（人事労務管理）から HRM（人的資源管理）へ ……13
   2-2.　組織集団の発生と第 3 の波 ………………………………14
   2-3.　HRM の歴史的・学説的検証 ………………………………17

第 3 章　経営における人的資源管理 ……………………………29
   3-1.　経営理念の実践 ……………………………………………30
   3-2.　日本的経営の特徴 …………………………………………37
   3-3.　人事労務管理の視点 ………………………………………39

第 4 章　人事の仕事 ………………………………………………41
   4-1.　人事部の仕事 ………………………………………………41
   4-2.　人事の基本，人事担当の要件 ……………………………44
   4-3.　従業員の育成責任 …………………………………………45

第 5 章　労働時間 …………………………………………………47
   5-1.　労働時間管理の原則 ………………………………………48

5-2. 労働時間短縮への取り組み………………………………………55

第 6 章　賃金と福利厚生………………………………………………60

　　6-1. 賃金管理とその目的………………………………………………60
　　6-2. 賃金体系……………………………………………………………63
　　6-3. 賞与と退職金………………………………………………………65
　　6-4. 福利厚生……………………………………………………………68
　　6-5. 安全衛生……………………………………………………………69

第 7 章　評価……………………………………………………………73

　　7-1. 「任用評価」と「賃金評価」の明確な区分 ……………………73
　　7-2. 人事考課の目的……………………………………………………74
　　7-3. 人事考課の考え方…………………………………………………75

第 8 章　労働組合………………………………………………………86

　　8-1. 労働組合の目的……………………………………………………86
　　8-2. 労働組合の組織形態………………………………………………87
　　8-3. 企業別労働組合の特徴……………………………………………88
　　8-4. 労働組合の組織率…………………………………………………89
　　8-5. 集団的労使関係における交渉形態………………………………89
　　8-6. 労使は"対立しつつ調和"を図る関係……………………………91

第 9 章　人材育成と教育訓練…………………………………………93

　　9-1. 人材育成の目的……………………………………………………93
　　9-2. 教育訓練の方法……………………………………………………94

第 10 章　多様性の時代の人的資源管理 ……………………………100

　　10-1. ディーセント・ワーク…………………………………………100
　　10-2. 男女雇用機会均等法……………………………………………102

10-3. ファミリー・フレンドリー施策……………………………104

第11章　キャリア志向の時代へ ……………………………120

　　11-1. 多様化するキャリア……………………………………120
　　11-2. キャリア支援は時代の要請……………………………123
　　11-3. 企業変革における人事部門の7つの役割……………124

索引 …………………………………………………………………127

第1章
学生を取り巻く環境の変化

> **Summary**
>
> 本章では，やがて社会に出て活躍が期待される学生を取り巻く環境について概観する。国際的な環境の変化に合わせて，学生を育てる現場（主に大学）に大きな変化が起こり，同時に政府，産業界の対応・政策にも変化が起こっている。
>
> 少子高齢化の進行は，大学志願者の大幅減少を招き，定員を割る学部・学科が増加している。大学全入時代[1]と言われるように，数字の上では大学定員が入学志願者を越える時代となっている。多くの大学は，学力重視の考査を経ずに入学できる，推薦・AO[2]など多様な入学システムを導入することで，定員確保につなげようとしている。
>
> 大学の使命は，教育・研究・地域貢献と言われているが，地（知）の拠点として，その存在価値を地域に認めてもらう活動を積極的に推進することが期待され，期待の中身づくりに注力するようになってきている。
>
> 大学の専門性，学力レベルの評価尺度として論文数が挙げられるが，世界に通用する論文を書くには，海外留学，英文による論文執筆が不可欠となっている。果たして，日本の大学生で故スティーブ・ジョブス氏が訴えた "Stay Hungry, Stay Foolish"[3] の気概を持つ者が何人いるだろうか。
>
> 2011年に始まった大学における初年次教育は，内容的には義務教育レベルの学習習慣であったり，家庭の躾であったりするが，教育の最後

の砦として，学生を社会に送りだす大学として必要不可欠な責務を否めない。

就活の時期が，政府，産業界の方針により，後ろへずれ込むことになった。大学にとっては本来の目的の一つである，教育に特化できる朗報ではあるが，就職に向けたサポート体制を強化することが，人づくりにもなり，大学の評価にもつながるため模索が続く。

いつの時代にも，学生を取り巻く周囲の環境は変化を続けているが，大学は変化対応能力を養う場でもある。歴史に学び，歴史に名を残す人材になるか否かは個人の意志にかかっている。

"Stay Hungry, Stay Foolish" を噛みしめ，進路を考えて欲しいものである。

1-1. 地（知）の拠点としての大学

学校教育法第 52 条によると「大学は，学術の中心として，広く知識を授けると共に，深く専門の学芸を教授研究し，知的，道徳的及び応用的能力を展開させることを目的とする」とされていたが，平成 18/19 年の教育基本法改正に伴い，学校教育法第 83 条 ② に「大学は，その目的を実現するための教育研究を行い，その成果を広く社会に提供することにより社会の発展に寄与するものとする」という地域貢献の文言を加えた。

少子高齢化の進行，中でも 15 歳以上の生産年齢人口[4]の減少は，産業界を支える人材の不足だけでなく，経済規模の縮小，財政状況の悪化等が懸念される。一方，グローバル化の進展によるボーダレス化の進行は，新興国の台頭による国際競争の激化など地球規模で解決すべき問題に発展している。国内問題としては，地方の過疎化・都市の過密化の進行が加速し，社会的・経済的格差の拡大も懸念される。産業構造，就業構造の変化は地域住民の生活環境にも影響し，医療・介護・保育等，地域におけるケアサービスの分野において漏れのない政策が可能かどうかの課題も生まれている。このような

社会的背景のなかで，地域に根ざす大学はいかにあるべきか，文科省は，目指すべき6つの大学像を求めている。

【文科省が目指す6つの大学像】
1．学生がしっかり学び，自らの人生と社会の未来を主体的に切り拓く能力を培う大学
2．グローバル化の中で世界的な存在感を発揮する大学
3．世界的な研究成果やイノベーションを創出する大学
4．地域再生の拠点となる大学
5．生涯教育の拠点となる大学
6．社会の知的基盤としての役割を果たす大学

　東日本大震災の影響や教訓を検証・評価し，新たな教育振興策の必要性から，政府は，第2期教育振興基本計画（平成25年6月14日閣議決定）を策定し，① 社会を生き抜く力の養成 ② 未来への飛躍を実現する人材の養成，③ 学びのセーフティネットの構築，④ 絆づくりと活力あるコミュニティの形成の4つの基本的方向性を発表し，"社会が人を育み，人が社会をつくる好循環"を目指している。具体的には，地域社会の中核となる高等教育機関（COC構想）の推進を目指している。知的創造活動の拠点である大学等は，地域の中核的存在（Center of Community）である。これらの高等教育機関等が有する様々な資源を活用して，地域が直面している様々な課題解決に取り組むことにより，教育研究機能の向上に資するとともに，地域の活性化にもつながることから，このような活動に対し一層の支援を行おうとしている。[5]

【文科省が「地（知）の拠点整備事業（大学のCOC事業）」を公募】
　文科省は2013年度に，地（知）の拠点整備事業（大学のCOC: Center of Community事業）」を立ち上げた。その目的は，大学が自治体と連携し，全学的に地域に志向した教育・研究・社会貢献を進めることを支援することで，課題解決に資する様々な人材や情報・技術が集まる地域

コミュニティの中核的存在として大学の機能強化を図ることである。大学は，教育研究を行う共に，これらの成果を基にした公開講座や産官学連携による産学振興，スポーツの推進，防災や環境保全，地域医療・公衆衛生，健康増進，過疎対策など，社会や地域における様々な課題解決に取り組み，地域の再生・活性化に貢献している。今後，地域の実情に応じて学部学科や専門分野の枠を超えて，地域の高等教育機関が全学的に連携し，地域の課題解決に参画するなど，地域との相互交流を促進し，地域から信頼され地域コミュニティの中核的存在としての機能強化を図ることを期待している。初年度の2013年度は全国大学から319件の申請があり52件が採択（私学では180件中15件が採択）された。[6]

【採択事例】東海大学の「地（知）の拠点整備事業」

東海大学は初年度（2013年度）に全国連動型地域連携事業として「To-Collaboプログラム＊」を申請し採択された。全国にキャンパスを有する大学ならではの全国連動型地域連携活動が特徴で，地域特有の問題や共通課題を各校舎の学部，学生，研究者が共有し協力して解決策を見出す仕組みで「大学共通の教養科目の改革」を中心に据え，地域連携を前提とした「パブリックアチーブメント型教育＊」を取り入れた全学的なカリキュラム改革と組織改革の実行をめざしている。具体的には，4つの共有課題（① 地域の生活を充実させる，② 多世代の交流を促進する，③ 地域の魅力を発信する，④ 自然環境を守る）を掲げ，4計画8事業に取り組んでいる。

一例を上げると，伊勢原校舎（神奈川）の「大学病院と地域医療活動の連携による在宅医療の促進」，農学部のある阿蘇校舎（熊本）の「阿蘇地域に適した高機能性ヤーコン品種の育成」，「阿蘇地域における絶滅危惧生物の保全のための環境教育法の開発」などがあり，地（知）の拠点として活動を行っている。To-Collaboの根底にあるものは創立者松前重義博士が掲げた「明日の歴史を担う強い使命感と豊かな人間性を持った人材を育てる」という建学の精神なのである。[7]

- ＊To-Collabo＝Tokai university Community linking laboratory の略称で，北海道から九州まで，日本全国に広がる総合大学の高等教育拠点である東海大学（Tokai university）を生かした地域連携の教育および研究所（Community linking laboratory）を示している。
- ＊パブリックアチーブメント＝若者が社会活動を通じて民主社会における市民性を獲得していく実践であり，そのための組織と学習プログラム

1-2. 初年次教育[8]は必要"善"

　日本全国の大学は2018年問題を抱えている。2018年になると高校卒業者が激減するため，大学志願者が大幅に減少することになる。その結果，定員割れの大学が続出すると予測されている。特に私学にとっては財源確保の重要な要素である入試考査料収入に影響を与える死活問題である。全国に付属高校を有する大学においてもこの問題を見過ごすわけにはいかず，一貫教育プロジェクトなど生き残りを賭けた取り組みが始まっている。

　大学の目的は教育・研究・地域貢献であるが，志願者確保には魅力ある大学であることが必要条件となる。この魅力を客観的に判断する指標に各種ランキングがある。これらの中で，近年注目されるようになったのが大学の地域貢献度である。1980年代の企業の成長拡大期に，企業の社会的責任（CSR）が注目され企業評価尺度としてクローズアップされた。企業と地域社会をつなぐ経営における重要な施策にCSR活動が導入され，社会による企業判断の物差しに変化が起こった。その後，失われた10年または20年[9]と言われる低成長の時代が訪れ，体力を失った企業はCSR活動を縮小したり，断念したりすることになる。

　経済成長が鈍化すると必然的に国民生活に影響が及ぶ。新天地を求めて製造業の国際化が進むが，安価な労働力確保のための戦略で，さらなるコスト

競争に巻き込まれていくことになる。人口構造は少子高齢化が進むことで釣鐘状から壺型[10]となり，大都市を除く地域は過疎化が進行する。

このような社会背景の中で，大学が生き残るためには何をなすべきかという危機感から，大学に対する社会の見方にも変化が起こるのである。大学側の生き残り作戦とも言えるが，大学の地域貢献（USR）が大学の評価指標に組み込まれるようになってきたのである。先に示した，文科省の政策もこの一環であるが，地域に根ざし，地域から期待され，"我が子，我が孫を入学させたい大学"という信頼を勝ち取るための政策を各大学が真剣に考えるようになってきたのである。

一方，大学全入時代に，ハイレベルの考査を経ずに入学した大学生が講義についていけないという問題も発生している。極端な例だが，ノートを取れない，友達ができないなど，個人的な悩みが高じて，不登校児童ならぬ"名ばかり大学生"が増えてきた。これらの対策として文科省は，2011年度から大学入学者向けの初年次教育[10]を義務化した。フレッシュマンゼミナールなど，呼称は様々だが，卒論等を指導する専門ゼミではなく，生活指導に重点を置き，本来であれば義務教育，家庭での指導の中で育まれるべき内容が最高学府の大学に期待されているのである。生活習慣，躾など教育以前の子供の成長段階で必要な倫理道徳的規範が大学生になっても身についていない若者が増えていることは問題であるが，教育の最終段階である大学では，社会に役立つ人づくりにも力を入れざるを得ない実情である。

中国の古書『大学』の立志編に"修身斉家治国平天下"という一文がある。官吏養成の目的で書かれた役人の心得だが，人間個人の生き方を象徴しているとも考えられる。まず，身を修め自立・自律する（修身）。そして結婚によって家庭をととのえた（斉家）国民の集合体としての国が形成されるならば国は治まる（治国）。さらに地球上に存在するすべての国の成り立ちが，この過程で形成されるならば，国家間の争いもない平和な天下（世界）を築く（平天下）ことができるであろう。

初年次教育の必要性については様々議論があるが，やがて社会に巣立つ学生を迎え入れ，全人教育を施すことも大学教育の責務と考えるならば，初年

次教育は必要"善"と言えるのではないか。

1-3. 就活と採用スケジュールの変化

【就職活動の流れ】

	3年生					4年生							卒業
	10月	11月	12月	1月	2月	3月	4月	5月	6月	7月	8月	9月	10月	11月	12月	4月
2016卒以降						広報開始	→	→	→	→	選考開始		内定式			新規採用
2015卒まで			広報開始	→	→	選考開始							内定式			
2012卒まで	広報開始	→	選考開始										内定式			

＊広報活動：採用を目的とした情報を学生に対して発信する活動。採用のための実質的な選考とならない活動。
＊選考活動：採用のための実質的な選考を行う活動。採用のために参加が必須となる

　2016年卒採用から就職活動スケジュールが後半にずれる。平成25年4月19日に開催された「経済界との意見交換会」において，安倍総理から経済界に対し，平成27年度卒業・修了予定者からの就職・採用活動開始時期変更を要請された。以下はその要旨である。

　新卒一括採用慣行を前提とし，学生の学修時間の確保や教育の充実を図り，また，海外の大学等に留学していた学生の帰国時期を勘案すれば，学生の就職・採用活動時期の後ろ倒しが必要である。そのため，経済界に対し，卒業・修了年度に入る直前の3月1日以降から，学生に対する広報活動を開始し，その後の採用選考活動については8月1日以降に開始することを求める。

　（中略）政府は，インターンシップに参加する学生の数の目標設定を行っ

た上で，大学等と地域産業界との調整を行う仕組みを構築し，学生に対して，卒業・修了前年度の夏季・春季休暇中に行うインターンシップ，地元企業の研究やマッチングの機会の拡大を始め，キャリア教育から就職まで一貫して支援する体制を強化する。(「我が国の人材育成強化に関する対応方針（大学等の就職・採用活動問題を中心に）」2013年4月22日))[11]

政府の指針を受けて，産業界を代表する一般社団法人日本経済団体連合会が「『採用選考に関する指針』の手引き」(2013年9月23日改定)を発表した。（以下ポイント）

1. 企業が行う採用選考活動は，一般に広報活動と選考活動に大別することができる。広報活動とは，採用を目的として，業界情報，企業情報などを学生に対して広く発信していく活動を指す。本来，こういった情報は可能な限り速やかに，適切な方法により提供していくことが，ミスマッチによる早期離職の防止のためにも望ましいものである。しかし，早期化ゆえの長期化の問題に鑑み，開始時期以前においては，不特定多数向けの情報発信以外の広報活動を自粛する。広報活動の実施に際して留意すべきことは，それが実質的な選考とならないものとすることである。また，会社説明会などのように，選考活動と異なり学生が自主的に参加または不参加を決定することができるイベントなどの実施にあたっては，その後の選考活動に影響しない旨を明示するとともに，土日・祝日や平日の夕方開催に努めるなど，学事日程に十分配慮する。

2. 広報活動開始時期の起点は，自社の採用サイトあるいは就職情報会社の運営するサイトで学生の登録を受け付けるプレエントリーの開始時点とする。それより前には，学生の個人情報の取得や個人情報を活用した活動は一切行わないこととし，大学が行う学内セミナー等への参加も自粛する。また，広報活動の開始日より前に行うことができる活動は，ホームページにおける文字や写真，動画などを活用した情報発信，文書や冊子等の文字情報によるPRなど，不特定多数に向けたものにとどめる。なお，広報活動のスケジュールを事前に公表することは差し支えない。

3. 広報活動の実施にあたっては，学生が自主的に参加の可否を判断できるよう，その後の選考活動に影響を与えるものではないことを十分周知する。具体的には，広報活動を行う際の告知・募集の段階と実施時の段階の双方

において，当該活動が広報活動として行われる旨を，ホームページや印刷物への明記，会場での掲示や，口頭による説明などの形で学生に周知徹底する。

4．選考活動は，活動の名称や形式等を問わず，実態で判断すべきものである。具体的には，⑴選考の意思をもって学生の順位付けまたは選抜を行うもの，あるいは，⑵当該活動に参加しないと選考のための次のステップに進めないものを言う。こうした活動は，時間と場所を特定して学生を拘束して行う面接や試験などの「狭義の選考活動」と，エントリーシートによる事前スクリーニングなど多様な方法を含む「広義の選考活動」に分類することができる。このうち，ウェブテストやテストセンターの受検，エントリーシートの提出など，日程・場所等に関して学生に大幅な裁量が与えられている「広義の選考活動」に開始時期の制限を課すことは，効率的な選考に支障が生じることや，学事日程への影響も少ないことなどを考慮すると適当ではない。そこで，開始時期（卒業・修了年度の8月1日）より前に自粛すべき活動は，面接と試験のみとする。

5．インターンシップは，産学連携による人材育成の観点から，学生の就業体験の機会を提供するものであり，社会貢献活動の一環と位置付けられるものである。したがって，その実施にあたっては，採用選考活動とは一切関係ないことを明確にして行う必要がある。企業の広報を含むプログラムを行う場合は，広報活動の開始日以降に実施すべきであり，混乱を避けるためにも，プログラム名としてインターンシップの呼称を使わないことが望ましい。

6．学生の就業体験の提供を通じた産学連携による人材育成を目的とすることに鑑み，当該プログラムは，5日間以上の期間をもって実施され，学生を企業の職場に受け入れるものとする。就業体験の提供であることを明確化するために，実施の際には，採用選考活動と関係ない旨をホームページ等で宣言した上で，以下の取り組みを併せて行うことが求められる。採用選考活動と明確に区別するため，告知・募集のための説明会は開催せず，また，合同説明会等のイベントにも参加しない。また，告知・募集は，ホームページなどウェブ上や，大学等を通じて行う。募集から実施までを通して，当該活動が就業体験の提供であり，採用選考活動とは無関係である旨の周知徹底を図り，参加する学生から活動の趣旨について書面等での了解を得る。学生の就業体験の提供を通じた産学連携による人材育成を目

的としていることが分かるよう，可能な限り詳細にプログラム内容を一般に公開する。インターンシップに際して取得した個人情報をその後の採用選考活動で使用しない。大学等のカリキュラム上，特定の年次に行う必要がある場合を除き，募集対象を学部3年／修士1年次の学生に限定しない。

7．その他，選考活動は，活動の名称や形式等を問わず，実態で判断すべきものである。具体的には，選考の意思をもって学生の順位付けまたは選抜を行うもの，あるいは，当該活動に参加しないと選考のための次のステップに進めないものを言う。こうした活動は，時間と場所を特定して学生を拘束して行う面接や試験などの「狭義の選考活動」に分類することができる。このうち，ウェブテストやテストセンターの受検，エントリーシートの提出など，日程・場所等に関して学生に大幅な裁量が与えられている「広義の選考活動」に開始時期の制限を課すことは，効率的な選考に支障が生じることや，学事日程への影響も少ないことなどを考慮すると適当ではない。そこで，開始時期（卒業・修了年度の8月1日）より前に自粛すべき活動は面接と試験のみとする。[12]

注
1　少子化で大学や短大への入学希望者が急減し，大学や学部の新設で入学定員の数が微増して2007年春に同数となる。つまりえり好みしなければ全員が入学できるようになると予想されていた。しかし，景気回復の影響で入学希望者が予想を上回り，実際に同数になるのは数年先に持ち越された。しかし，知名度の低い私立大学を中心に，すでに全入どころか定員割れが相次いでいる。日本私立学校振興・共済事業団のまとめでは，07年春に定員割れした私大は221校で全体の40％，このうち17校は定員の50％も入学していない。私立の短大はさらにひどく，定員割れは225校と全体の62％に達している（知恵蔵2014）。
2　学力試験の結果で合否が決まる一般入試とは異なり，高校の評定，志望理由書，面接，小論文などにより出願者の個性や適性，入学後の意欲などについて多面的な評価を行い合格者を決める。今や私立大学の約5割が推薦・AO入試を導入しているが，1990年慶應義塾大学湘南藤沢キャンパスが最初と言われている。一般入試と異なる入試には自己推薦，公募推薦，一芸入試など様々な名称によるものがある。
3　アップルの創業者スティーブ・ジョブズ氏が2005年に行ったスタンフォード大学卒業式でのスピーチの最期を締めくくる言葉。直訳すると「空腹でいろ，バカでいろ」という意味だが，これから社会に出る卒業生に対して「枯渇や現状に満足して歩みを止めてはいけない，常識を良とするのではなく強い探究心を持って社会を変革する勇気を持ちなさい」という意味が込められている。
4　15歳から64歳までの生産に従事できる年齢で，2014年4月15日の総務省の発表によると，2013年10月時点の推計人口によると，数値を公表し始めた1950年以降32年ぶりに8千万人を割り込み7901万人（62.1％）となった。一方65歳以上の高齢者は3189万人で62.1％。
5　文部科学白書2014から。

6 文部科学書 HP。
7 東海大学 To-Collabo 通信No.1（2013年12月号）より。
8 教員から一方的に教えられることが多い高校までと異なり，大学では自主的な学習が求められる。入学直後にその移行がうまくいかず，ドロップアウトしていく学生が多い。そのためにリポートの作り方や資料の収集方法など，大学での学習に必要な作業について教える。導入教育ともいわれる。2011年度から義務化し，その内容は ① 大学生活への適応（大学生活，学習，対人関係等），② 大学で必要な学習技術の獲得（読み，書き，批判的思考力，調査，タイム・マネジメント），③ 当該大学への適応，④ 自己分析，⑤ ライフプラン・キャリアプラン作りの導入，⑥ 学習目標・学習動機の獲得，⑦ 専門領域への導入等（知恵蔵 2014，文科相 HP））
9 金森久雄・大森隆『日本経済読本』第19版，pp.4-6。
10 人口構造を表現した図形で，年齢層の間で人口の差が小さい状態が釣鐘型で，幼年人口が少なく65歳以上の老年人口が増加傾向にあるのが壺型。少子高齢化が進む日本は壺型となっている。
11 文科省 HP。
12 日本経団連 HP。

演習問題

1．故スティーブ・ジョブス氏が語った "Stay Hungry, Stay Foolish" について自分の生き方を想定して考えてください。
2．学生時代にインターンシップを体験する効果について考えてください。

第 2 章
HRM 概念の変遷

> **Summary**
>
> 　企業によっては従業員を"人財"と呼んでいる。従業員を宝物として尊重する姿勢の現れである。
>
> 　人類の歴史は，道具を使うようになった文明の始まりから確認でき，狩猟・採取から農業技術の発達に伴う集団生活，村落共同体の発生など，その過程で全体を束ねるリーダーが自然発生的に生まれてきた。17世紀になると，イギリスで発明された蒸気機関が，生産に必要な動力となり，大量の労働者を雇用する工場が誕生する。
>
> 　使用者と労働者という，使う側と使われる側の2つ階層が生まれる。農業社会で始まった物々交換は貨幣の誕生と流通により様変わりする。職住一体が原則だった農業社会から，工場に通勤し，賃金を得ることで生活を支える時代へと変化していく。
>
> 　使用者は，労働の対価である賃金コストをできるだけ抑えるため，使用人には過酷な労働を強いる。工場管理の必要性から人事管理の思想が生まれるが，初期段階において，労働者は交換可能な部品と同様の扱いを受けた。やがて，強制的な長時間労働や今日的な労働災害の多発から，人権擁護の運動が起こり，労働者による就業拒否，機械破壊運動までが起こるようになる。
>
> 　労働者のサボタージュなどの原因を探る中で，心理学，統計学，生産管理の専門家による労働の現場の調査が行われ，ヒトが，部品同様に交換可能なものから，心を持ち仲間とともに集団で業績を上げようとする

ヒトへと，その認識が変わっていく。こうして，経営学における人的資源管理が確立していくのである。

　本章では，人類の歴史を振り返り，人的資源管理論が，どのような経過で発達してきたかを理解し，組織の維持管理・発展には人間の尊重が不可欠ということを考えてもらいたい。

2-1. PM（人事労務管理）からHRM（人的資源管理）へ

　企業は，さまざまな管理活動を通じて経営資源を効果的に活用し，事業目的を達成していくが，そうした管理活動の一つに，人を対象に行う管理活動がある。人的資源管理論の領域は，この「人の管理」である。

　企業や組織体が従業員を雇用するようにった初期段階（1920年代）では，労働者は，基本的には機械や原材料と同等の生産要素の一つと見なされ，機械の付属品としての物的要素と同じように扱われていた。労働者は代替可能な労働力という商品と同様のコストとして計算された。必要な労働力は労働市場から容易に調達することが可能で，それゆえ企業として労働者の能力面の育成を図るといった発想は希薄であった。時間はかかるが，やがて人間を社会的側面から尊重する行動科学が生まれ，心を持った人間として扱われるようになる。代替可能な単なる労働力ではない，人的資源として尊重されるようになるのである。

　　1920年代　PM：Personal Management　人の管理
　　　　　　　　人＝人材≒部品材料，原材料と同様の生産要素＝コスト，代替可能
　　1970年代　HRM：Human Resource Management
　　　　　　　　労働者＝生産要素　⇒　労働者を尊重する「人的資源管理」へと変化
　　　　　　　　人事管理の対象は　「生きた人間」，
　　　　　　　　企業にとっての人材・人財，人格を持った社会的存在

市民あるいは賃金労働者
「事業は人なり」，松下幸之助は「ものを作る前に人を作る会社」と表現

2-2. 組織集団の発生と第3の波

　人類の歴史を遡ると，原始社会は，石器を使用し，山岳地域などで狩猟採取によって家族の生活を支えてきた縄文時代に始まり，やがて特定の土地に定住し，収穫を待つ農耕牧畜時代になると，素焼きの土器を使用する弥生時代へと文明が発展していく。土地に定着すると，共同体としての村が生まれ，自然への備えのための自治組織が形成され，全体をとりまとめる長と言われるリーダーが生まれてくる。各所に誕生した共同体は，農業であれば，荒れ野を開拓することで農地を拡張し収穫増をもたらし，農民の生活を豊かにしていく。

　複数の共同体が拡大・発展することは利害対立を生むことにもなり，共同体同士の争いに発展する場合もある。農業振興のためにも，紛争の解決のためにも強力なリーダーの誕生が期待される。共同体における仕事の分担が組織運営上必要になり，人事管理の概念が生まれてくるのである。

　農作業は個々の家庭によるが，収穫物の物々交換が発展拡大することで，ビジネスが生まれる。農閑期を利用し，各家庭で生産された製品が仲介者によって流通する社会に，やがて貨幣が誕生し，生産者と販売員が分離独立した社会に発展していく。家族と縁者で始まった小規模の家内工業が少しずつ拡大することで他人を雇う社会が形成されていくのである。17世紀になると，動力が発明されることで工場が誕生する。職住が分離し，工場に通う労働者と，労働者を雇用する経営者が生まれてくるのである。

　アルビン・トフラーは，人類の歴史における変革を3つの波[1]にたとえた。原始社会を狩猟採集社会とし，この時代，人類は岩などをくりぬいた竪穴式住居に住み，山岳地帯や海岸地域で狩りをしたり，木の実を採集したり，また，海岸や河川で釣りをして生活を維持してきた。縄文土器を発明

A・トフラーの「第3の波」
社会の変化を「波」で表現した

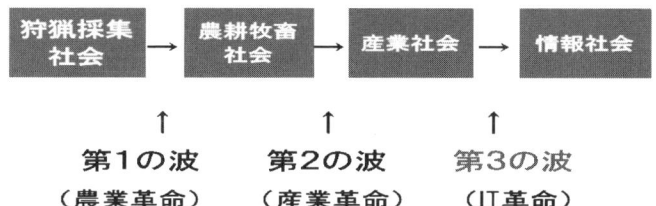

第1の波　　　第2の波　　　第3の波
（農業革命）　（産業革命）　（IT革命）

＊原始社会から近代社会へ，家族形態の変化と人的資源管理との関係

狩猟採集社会	竪穴式住居～縄文時代，山岳地域，海岸地域，狩り，矢じり，弓，単一家族，自然の木の実，縄文式土器
農耕牧畜社会	穀物の栽培を始める，平地に定着，野菜を育てる，粟，稗，稲作，水田，貯蔵庫，弥生式土器 牧畜（牛，馬，山羊，羊），乳業， 村（集団）→利権争い（集団自衛）→長（村長）による管理 取引，物々交換，仲介人，職住一体，内職，家内工業，
産業社会	動力の発明：1625年イギリスで蒸気機関を発明， 工場が生まれる　マニュファクチャー（工場制手工業） 会社の誕生：住居と職場の分離，通勤が始まる 雇用が生まれる：雇用主と労働者の契約関係 人の管理：組織管理
情報社会	産業社会の中における革命 ITの誕生による高速処理・大量処理が可能になった 現代社会に続く

し，矢じり，弓などで動物を捕獲していた。この時代の家族形態は単一家族が主である。

　やがて，穀物の種子を栽培する知恵を得て平地に定着するようになる。農耕牧畜時代と呼び，粟，稗，稲の栽培を行うため季節の変化に合わせた農作物の栽培，また，牛，馬，山羊，羊などの牧畜を始め，食肉と乳製品づくりへと発展していく。土器は文様のない素焼きの弥生土器が主流になる。もはや単一家族だけでは，農作物の管理ができなくなり，共同作業がはじまり，村などの共同体が誕生してくる。この変革を農業革命と呼び，トフラーは第1の波と表現した。単一家族から村落共同体へと生活範囲が拡大していく過程で，同じように発展していった他の村落共同体との間に利権争いが起こり，それを治めるための人材として村長が生まれてくる。利害対立が紛争に発展することもあるが，社会の必要性からリーダーが生まれるのである。生産の主体は，住居と周辺の田畑で職住一体が原則である。農作業の合間に，養蚕などの副業が行われ，機織りなどの家内工業へと発展していく。また収穫の終わった農閑期を利用して製作した製品の物々交換から，貨幣の誕生による交易へと発展していくのである。

　17世紀になりイギリスで蒸気機関が発明されることで，社会の仕組みが大きく変化する。動力の発明は，やがて大量生産を可能にし，工場が誕生する。工場経営者と雇用される作業員という雇用関係が生まれるのである。職住一体ではなく，工場に出かけ，一定時間働くことの対価としての給与を得る社会となるのである。動力の発明による産業革命を第2の波と表現した。

　今日は産業革命以後の工業化社会といえるが，IT[2]の発明により，情報交換手段に大きな変化が起きた。マルコニー，グラハム・ベルによる電信電話の発明という技術革新により遠距離間の情報交換，さらには国際通信を可能にし，さらには人工衛星の打ち上げにより衛星通信の時代となり，商業取引，軍事利用にIT技術は不可欠なツールとなるのである。この変革を，トフラーは敢えて第3の波と表現したのである。現代はさらに進化し，SNS（ソーシャルネットワークシステム）を活用する時代となり，教育界においてもICT[3]活用による授業が行われるようになった。

2-3. HRM の歴史的・学説的検証

　イギリスで 18 世紀半ばから 19 世紀後半まで続いた産業革命によって近代企業の制度が生まれる。企業の経営環境は大きく変化し，それに伴い，人事管理の手法，なかでも働く労働者に対する使用者の意識だけでなく，働く労働者自身にも大きな変化をもたらすことになる。

　企業経営における労働者が，どのように位置づけられるか，人事・労務管理がどのような思考の中で発展していったか，歴史的変遷を理解することから，今日の人的資源管理の意義を考える必要がある。

　産業革命前のイギリスでは，マニュファクチャー（工場制手工業）と呼ばれる人手中心の生産形態が主流であった。雇用形態，労働時間，作業速度，賃金支払いの方法などについて労働者を保護する発想は皆無に等しく，法律もなかった。

　やがて，18 世紀半ばになると，綿紡績業に端を発する機械制生産方式が生まれることで手工業を一掃する産業革命が始まる。すると，労働者は機械の稼働を支える脇役と位置づけられるようになる。工場経営者は，労働者を機械に付属する部品のようなものとみなして，人間性を排除していくのである。経営側は，経営におけるコストの最小化のために，賃金を徹底的に切り下げようという労働観が支配的となる。労働者は機械同様に代替可能な資源として扱われるのである。1 日の労働時間は 14 時間以上という過酷な労働条件を強いられるが，やがて，労働者階級の地位向上，労働条件の改善に向けた運動（チャーチズム運動[4]）により，ようやく労働者保護の法律制定に向かうのである。1833 年に工場法が制定され，女子・未成年労働者の労働時間が 1 日 12 時間に制限され，さらに 1847 年には女子・未成年労働者の労働時間が 10 時間制へと，労働の担い手としての労働者に対する認識に変化が起こるのである。

　1914 年に第一次世界大戦が始まると，経済社会に大きな変化が起こる。

戦時下における計画的生産の必要性と，一方で労働力不足解消のため，作業効率の改善に対する試みが行われ，欧米へと普及していくのである。代表的な研究は，フレデリック・テイラーの科学的管理法，さらには，エルトン・メイヨーのホーソン実験などで，機械の一部として扱われていていた人間を「個」として扱う個別人事管理の思想が生まれるのである。個を尊重する概念が生まれ，また，チームとチームに影響を与えるリーダーの存在という，現代に通じる人的資源管理の考え方が生まれてくるのである。

第一次大戦後の社会では，工業化が加速し，大量生産方式が主流となると，労働者の勤労意欲の低下や生産性低下の問題がクローズアップされ，この解決のための研究の中から行動科学が生まれてくるのである。従業員のモラール，モチベーションアップなどがこの例である。

以下，特徴的学説を発表した主要人物を紹介する。

【主要人物】

人　　物		特徴的な理論等
フレデリック・W・テイラー（米）	1856－1915	科学的管理法（1911）
アンリ・ファヨール（仏）	1841－1925	管理過程説（1916年）
マックス・ウェーバー（独）	1864－1920	官僚制
エルトン・メイヨー（米）	1880－1949	ホーソン実験（1933年）
エイブラハム・H・マズロー（米）	1908－1970	欲求の5段階説（1954年）
ダグラス・マグレガー（米）	1906－1964	X理論・Y理論（1957年）

フレデリック・W・テイラー（アメリカ）：科学的管理法（1911年）

テイラーは，"マネジメントの目的は何より，雇用主に「限りない繁栄」をもたらし，併せて，働き手に「最大限の豊かさ」を届けることであるべきとし，「限りない繁栄」とは，単に大きな利益や配当を指すのではなく，あらゆる事業を最高水準にまで引き上げ，繁栄が途絶えないようにする"こととした。"働き手に最大限の豊かさを届けるとは，相場よりも高い賃金を支

払うだけでなく，各人の仕事の効率を最大限に高めて，可能性の限りを尽くした最高の仕事ができるようにし，実際にそのような仕事を与えること"を考えたのである。

一般に「雇用主と働き手の利害が対立するのは避けられない」と思い込んでいるが，科学的管理法は，「雇用主と働き手の利害は，最終的には一致する」という信念をよりどころにしている。

望める限りの最高の豊かさを手に入れるためには，誰もがどこまでも効率を追求し，日々の出来高を最大限に増やすほかはないと考えた。実際の現場では効率が上がらない原因として「怠業」に注目した。テイラーは怠業の原因を以下の3つと考えた。[5]

怠業の原因その1	作業のスピードを上げると，大勢の人々が職を失い，職場全体に途方もない厄介をもたらすと信じる働き手がいる。
怠業の原因その2	雇用主が様々な作業における適正な所要時間をつかんでいないため， 働き手は作業を手加減した方が有利と考える。 働き手には「楽をしようという性向」があり，がむしゃらに働いても，いい加減に働いても賃金が同じことに気付くと働く意欲を失うことになる。
怠業の原因その3	作業手順が決まっていないため，不必要な動作が多く，結果非効率となる。

科学の法則に従って仕事をするためには，これまで現場の労働者に任せ切りにしてきた仕事の多くを，マネジャーが引き取り，自分たちでこなさなければいけないということである。労働者の果たすべき作業のほぼすべてについて，よりよい成果がより迅速に上がるように，マネジャーが何らかの備えをすべきなのだ。くわえて，一人ひとりの働き手に対して，上に立つ人々が日常的に助言を与え，親身になって手を差し伸べるのが望ましい。高圧的な態度を取ったり強い調子で発破をかけたりするのも，その逆に，何の助けも

せず本人の工夫にすべてを委ねるのも好ましくない。経営層と最前線の働き手が，このような密接に協力し合うことこそ，時代の先端を行く科学的管理法（課業タスクのマネジメント）の真髄である。こうした温かい協力関係，つまり日々の重荷を分け合う関係が育まれれば，作業者一人当たり，機械一台当たりの生産性を最大化するうえでの障害はすべて取り去られるはずだ。…マネジャーと最前線の働き手が日々，肩を並べるようにして仕事に取り組めば怠業はきれいに消えるはずだ。しかも，このような体制に移行して数年も経つと，働き手たちは，一人当たりの生産量が大きく跳ね上がった結果，解雇者が続出するどころか，雇用が増大したという教訓を実例に基づいて学ぶことになる。「生産量を増やすと，解雇を招く」といった誤った思い込みから完全に解き放たれるのである。[6]

テイラーは，マネジャーの仕事は一人ひとりの働き手が全力を尽くし，持てる知識や技能を総動員し，創意工夫や善意を十分に発揮するよう，お膳立てをすることとで，自主性とインセンティブが重要と考えた。例えば，当時の一般企業にない特別なインセンティブの例を挙げている。

① 早めの昇進あるいは昇給への希望を持たせる。
② よい仕事をスピーディにこなした場合，出来高を引き上げたり，何らかの上乗せ賃金やボーナスを支給する。
③ 実働時間を短縮する。
④ 他社よりも恵まれた労働条件や労働環境を用意する。

さらに，自主性を引き出すために4つの任務を担う必要性を訴えている。

① 一人ひとり，一つひとつの作業について，従来の経験則に代わる科学的手法を設ける
② 働き手みずから作業を選んでその手法を身につけるのではなく，マネジャーが科学的な観点から人材の採用，訓練，指導などを行う。
③ 部下たちと力を合わせて，新たに開発した科学的手法の原則を，現場の作業に確実に反映させる。
④ マネジャーと最前線の働き手が，仕事と責任をほぼ均等に分け合う。かつては実務のほとんどと責任の多くを最前線の働き手に委ねていた

が，これからはマネジャーに適した仕事はすべてマネジャーが引き受ける。[7]

　テイラーの貢献は，仕事の質を科学的に分析し，合理的な管理手法を経営に取り入れたことである。鉄鋼会社の機械工学技士だったテイラーは，労働者の作業状況を「動作研究」と「時間研究」によって分析する。

　この2つの研究を経て，出来高払制度を考案するのである。割り当てられた作業を達成した労働者に高い賃金を与え，達成できなかった労働者には低い賃金を与えることによって労働者を動機づけた。

　テイラーが提唱した科学的管理法は，フォード方式など，後の大量生産方式による大規模経営の管理に多大な影響を与え，以降の経営のあり方を大きく変えた。

　ただし，テイラーの理論は，労務費低減による効率性を優先するあまり，人間性が排除され，無機質な労働環境を創出したとの批判もある。チャップリンの映画「モダンタイムス」はテイラーの管理手法を風刺したとも言われている。一方，要素的賃率決定のための作業研究は，「課業」概念の決定，「標準」の設定，「職能」「適性」の概念を生むことで後の人的資源管理の要素研究に貢献するのである。

アンリ・ファヨール（フランス）：管理過程説（1916年）

　テイラーと並ぶ経営学の始祖とされるが，テイラーが技師として現場の視点で理論を展開したのに対し，ファヨールの理論は，自身が経営者としての視点に基づくものである点がテイラーと異なる。ファヨールは経営の本質的な機能は6つあると主張した。

① 技術（製造・加工）
② 営業（購買・販売）
③ 財務（資本の調達と運用）
④ 保全（財産維持・従業員保護）
⑤ 会計（在庫管理・貸借対照表・原価計算）
⑥ 管理

この中でも，管理は「予測・組織化・命令・調整・統制」からなるという管理要素説を提唱するが，今日の PDC（Plan Do See）サイクルの考え方につながっていくのである。

マックス・ウェーバー（イギリス）：官僚制

ウェーバーは，組織論における官僚制の議論を展開していく。組織が最も能率的かつ合理的に機能する形が官僚制であると主張し，官僚制の特徴を3つ挙げている。

① 公式化：明確な規則または手続きによって秩序づけられている。
② 集権化：義務の遂行に必要な命令権力が明確に配分されている。
③ 没主観：職務誠実義務を持つ個人による職務遂行が行われている。

ウェーバーの官僚制の組織と管理が人間社会の合理性・客観性の貫徹の最終形態で，その中から官僚制を突き破る力も出てきて，その力より一層の合理性・客観性を求める限り，再び官僚制組織が形成されると提唱した。

今日，特に公務員組織に対して「官僚制は良くない」とい言葉を聞くが，ウェーバーが提唱した官僚制の概念とは異なる。少人数の経営トップが，思惟の範囲で経営を行うと，ガバナンスやディスクロージャーが機能せず，権限の分散が行われず，責任の所在も不明確となり，組織の維持が困難になる。そのためには，業務を細分化し，それぞれ分割した組織を編成することにより，全体としてのマネジメントが統制できる。未組織事業体の組織化を官僚制と呼んだのである。

現代において，大企業病と呼ばれるが，組織の機能麻痺は，組織が硬直化，形骸化することによる弊害で，この弊害に対して「官僚制は良くない」という批判が生まれたのである。

エイブラハム・H・マズローの欲求の5段階説（1954年）

人間は欲求を持ち，その充足に向けて行動を起こし，その行動を継続する。行動の質やレベルには個人差があるが，人間は自己実現に向かって絶え

ず成長する生き物であると仮定し，人間の欲求を5つの階層で理論化したのである。低次元から① 生理的欲求，② 安全の欲求，③ 集団帰属と愛情の欲求，④ 自尊の欲求，⑤ 自己実現の欲求に分類した。最下層の生理的欲求は，動物に備わっている本能に近いもので，生きる上での根本的な欲求（衣食住）である。人間は満たされない欲求があると，それを充足しようと行動するが，欲求には優先度があり，低次の欲求が満たされると，より高い次元の欲求への段階的に移行するとしている。5段階を3段階に分類すると，身体的欲求に始まり，組織に属する社会的欲求，さらにはより高い次元での地位獲得を期待する精神的欲求へと移行していくのである。

マズローの欲求の5段階説：欲求のピラミッド

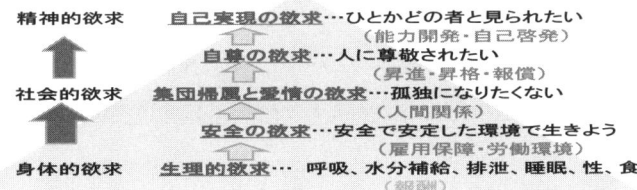

エルトン・メイヨー（アメリカ）：ホーソン実験（1933年）

メイヨーは，1924～27年にかけて従業員4万人を有するウエスタン・エレクトリック社における能率の専門家で，「ホーソン工場」で実験を行った。実験のテーマは「照明の質と量が作業効率にどのように影響を与えるか」で2つの実験を行った。

第1の実験は，「照明が明るくなれば，それだけ生産が上がるだろう」という仮説を立て，2つの条件が異なるグループを編成する。第1グループは「照明度が変化するライン」とし，第2グループは「照明を変化させないライン」とした。結果は，2つのグループともに作業効率が向上，有意な差が生まれなかったのである。

期待する結果が得られなかったため，第2の実験に移り，「労働条件の変化によって効率が変化する」という仮説を立てた。女子作業グループを対象

として26カ月間にわたって実施した結果，またしても，労働条件の変化とは無関係に生産性が増大したのである。

　実験の目的は，労働者の生産効率を上げる方策を探るためだったが，2つの仮説条件に関わらず，現場では作業効率が上昇した。実験のデータ解析では答えを見出せなかったメイヨーは，従業員個々のヒアリングによって，原因を突き止めようとした。その結果4つのことに気づくのである。

＜4つの気づき＞
1　作業環境や賃金などのような作業条件の改善は，それだけでは作業者の能率向上には直接結び付かない。作業者の自尊心や責任感，親愛感というものは，会社が作業者を人間として正しく扱うことから生まれてくる。
2　さらに，作業者と面接することで，作業者個人個人の生活歴，職場の状況を聞くことができ，そのことが作業者に感情的な解放感を与え，同時に，作業者に勇気を与えた
3　作業者の職場での行動や態度には職場外のさまざまな環境から受ける「感情」が強く影響している。
4　作業者は職場内で会社の組織ルールとは別の仲間集団（インフォーマルグループ）を作っており，この仲間集団のルール（行動規範）が会社のルールよりも優先している。

　以上から，メイヨーが考えたことは，① 人間は「社会集団」ということを最小単位として扱うべきである。つまり，社会的存在としての人間を人事管理の対象とすべきである。（テイラーは人間を個（要素，生産システムの一部分）として扱い，管理対象としては「労働者」という抽象化された存在として扱っていた）。また，② 社会集団を解明するには，人間関係一般ではなく，「人間関係論」という特定の理論によって追求されるべきであると考え，次の6つの考えを主張したのである。
　① 経営での社会集団（人間の組織）では，企業が作った公式組織と非公

式組織が重なって存在している。
② 公式と非公式のズレの原因は、その人の周囲に起こった変化に対して反対する態度によるものである。
③ つまり、態度を決めているのは理性ではなく「心情」である。言い換えれば、「人間関係」を決定づけるものは「心情」であると言える。
④ 以上のことから、人を理解しようとするには、その人の生活史に深く立ち入って洞察する力が必要である。
⑤ 現代の高度化した技術的組織では、リーダーに対して 社会的能力(コミュニケーション能力)を必要としている。
⑥ このような能力を有する指導者が、リーダーであり、またこの能力のことをリーダーシップという。

ダグラス・マグレガー(アメリカ):X理論,Y理論(1957年)

　X理論に立つ経営者や管理者は、人間を怠惰で責任回避する存在と見ている。人間は生来仕事を嫌い、ただ命令されることを好み、何よりも安全と安心を望むものである。このような人間は金銭動機でしか動かないから、賃金で雇い入れた後は、管理を徹底することで生産性を高めるしかないと考える。こうした管理者のもとでは権威主義と中央統制の組織風土が発生し、労働者を命令・管理・統制する必要がある。

　逆に、Y理論に立つ経営者は、人間の社会的欲求や自己実現の欲求を認めるため、この部分を刺激すれば、人間は自ら生産性を高め働くものであると見る。人間は正しく動機づけられれば、仕事に対して自立的に取り組み、社会的連帯や尊厳または、自己実現によって動機づけられるものである。管理者は、個々人の自主性を尊重し創造性を引き出すよう努める必要がある。

　現代社会は、低次元の欲求はほぼ満たされている。従って、従業員自身による目標設定、能力開発、提案制度の設置などによるマネジメントを適切に行うことが重要となる。

　＊イソップ寓話の「北風と太陽」を思い出してみよう。

【X理論―Y理論の対比表】

	X理論	Y理論
人間観	性悪説, 人間蔑視 人間は仕事が嫌い 責任回避, 安全指向	性善説, 人間信頼 人間にとって仕事は当然のこと 責任を引き受け, 野心的
人間関係	不信	信頼
動機づけの方法	賃金と出世 命令と処罰が必要	理念と自己実現 目標達成と自発的に努力
組織の価値観	昇進がすべて 「昇進できない奴は落後者」	ライン管理者の専門能力発揮の場 (スペシャリスト化)
組織原則	命令と中央統制 中央集権（階層原則）	統合と自己統制 分権（統合原則）
上司の役割	部下の管理	部下の支援
スタッフ（本部）の役割	ライン（現場）の管理	ライン（現場）の支援
管理の在り方	計数管理 システム主義	自己管理と委任 現場主義
仕事の仕方	マニュアル主義	臨機応変
報酬	業績評価による	業績貢献度による利益配分
管理者育成のスタンス	工業的「鋳型にはめる」	農業的, 成長の条件をつくって, 自己啓発にまかせる

フレデリック・ハーズバーグ（アメリカ）：動機づけ・衛生理論（1966年）

アメリカの臨床心理学者，フレデリック・ハーズバーグは，職務満足と職務不満足を引き起こす原因に関し，ピッツバーグ心理学研究所と職務態度に関する労働者約200人へのインタビュー調査を行った。

働く人たちに「仕事上どのようなことに幸福と満足を感じたか」「仕事上どのようなことに不満を感じたか」の2つの質問を行い，人間関係の欲求には2つのタイプがあり，それらは本質的に独立し，かつ各々人間の行動に異なった作用を及ぼすことを発見した。たとえば，人が仕事に不満を感じるときは，作業環境に向いているのに対し，仕事に満足を感じているときは，仕事そのものに関心が向いているとして，前者を衛生要因，後者を動機づけ要因と名づけたのである。

【衛生要因】

人に関するもので，仕事の不満を予防する働きを持つ。給与，福利厚生，処遇，労働条件，人間関係，会社方針，管理など，仕事をするための外的な条件は，不満を防ぐための歯止めの役しか果たさず，これらに対する配慮が不十分だと不満の原因になり，サボタージュや業績低下を招くことになるが，配慮が行き届いても，一時的に不満が無くなるだけで，それ以上に労働意欲が増すことは無いとしている。不満足を与える要因として以下の5つをあげている。

① 会社の政策と経営，② 監督技術，③ 給与，④ 対人関係，⑤ 作業条件（仕事の量と設備）

マズローの欲求の5段階説の「生理的欲求」「安全の欲求」「集団帰属と愛情の欲求」の一部を満たすとしている。

【動機づけ要因】

仕事の満足に関わる要因として以下の5つをあげている。

① 達成（業績），② 承認（業績の評価），③ 仕事そのもの，④ 責任（責任と権限），⑤ 昇進

マズローの欲求の5段階説の「自己実現の欲求」「自尊の欲求」「集団帰属と愛情の欲求」の一部を満たすとしている。

注

1. アルビン・トフラー著，徳岡孝夫訳『第三の波』中公文庫，1982。
2. 1information technology，情報技術。コンピュータとその周辺技術を用いて情報を広く迅速に加工・伝達する手段。このための機器（ハード）と伝達技術・内容（ソフト）は，近年大きく進歩し，一大産業に成長しつつある（広辞苑）。
3. Information and Communication Technology 情報通信技術。IT とほぼ同じ意味を持つが，授業の中で ICT を効果的に活用し，指導方法の改善を図りながら，学生の学力向上につなげていくことが重要と考えられている。
4. 世界最初の労働者による組織的政治運動。1830年代後半から始まり，政治参加と普通選挙制の実現を目指して大規模な署名，請願，ストライキ活動を行った。名称は People's Charter（人民憲章）に由来する。
5. フレデリック W・テイラー，有賀裕子訳『科学的管理法　マネジメントの原点』ダイヤモンド社，2009, pp.10-28。
6. 同上 pp.29-30。
7. 同上 pp.40-44。

演習問題

1. 下記人物に関係する理論，主張等を線でつないでください

ダグラス・マグレガー	・	・ 官僚制
エルトン・メイヨー	・	・ X理論・Y理論
エイブラハム・マズロー	・	・ ホーソン実験
フレデリック・テイラー	・	・ 科学的管理法
フレデリック・ハーズバーグ	・	・ 欲求の5段階説
マックス・ウェーバー	・	・ 動機付け・衛生理論

2. アルビン・トフラーは「第三の波」を著した。下図は人類の文明の歴史の段階を図式化したものだが，空欄に適当な言葉を入れてください

狩猟採取社会 ⇨ 農耕牧畜社会 ⇨ 産業社会 ⇨ 情報社会
　　　　　　　　　↑　　　　　　↑　　　　　↑
　　　　　　　　第1の波　　　第2の波　　第3の波
　　　　　　　（　　）革命　（　　）革命　（　　）革命

3. ダグラス・マグレガーのX理論・Y理論をイソップの寓話「北風と太陽」で説明してください。

4. 松下幸之助が言った「ものを作る前に人を作る会社」の意味について説明してください。

第 3 章
経営における人的資源管理

Summary

　会社は「人・モノ・金・情報」といった経営資源を最大限に活用することで，財・サービスを創造し，その販売によって目標である利益を生み出す活動を行っている。会社に「モノ」や「カネ」があったとしても，それを活用する「ヒト」がいなければ経営は機能しないのである。優秀な人材がいることで，モノを生み出すことができる。良い商品を作りだし，良いサービスを提供するのも「ヒト」であり，「ヒト」ではない経営資源を活用するのも「ヒト」である。会社が継続的に発展し拡大するためには，経営理念・方針に従って，「ヒト」を採用し，育成し，活用していくことが最も重要なことである。

　前章で HRM について学んだ。企業は，働く意思を持ち，一人の人間としての人格を持った社員を迎え，育てることで経営への参画を期待する。能力に応じて適材適所に配置し，働く場は安全が確保され，福祉厚生が整備される職場環境が整っていることが前提となる。

　企業の考え方を端的に表現したものとして経営理念がある。経営理念は言わばバイブル的存在であり，行動の指針である。この経営理念を全従業員が共有できるよう環境を整えることも人的資源管理の重要な要素である。

3-1. 経営理念の実践

「ヒト・モノ・カネ」が経営の三要素ということは前にも述べた。下図は経営における「人材マネジメント」の位置づけを表したものであるが，「人」，「人材に関する領域」に注目してもらいたい。左側は，業務運営におけるマネジメント対象領域を示しているが，業務デザインに関する領域では，組織全体の業務分担，仕事の内容などを検討する部門である。組織構造に関する領域では，組織のマネジメント体制を構築するために，いかにして部門別責任を任せる組織体制を築くかを検討する。人材に関する領域は，部門別責任体制としては，一般に人事部門のことであるが，すべての領域に「ヒト」が存在し，「ヒト」であるリーダーの下で組織運営が行われていることを考えると，経営の三要素の中でも「ヒト」の重要性が理解できるはずである。

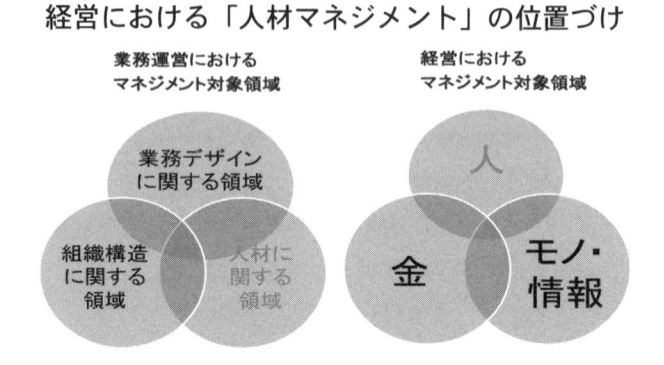

経営における「人材マネジメント」の位置づけ

人事管理の基本は，社員に会社の進むべき道（経営理念）を示し理解実践させることである。企業は社会とともに歩み，社会からその存在を期待されることによって価値が生まれる。逆の見方をすると，価値を提供できる企業は社会で存在し続け，そうでない企業は社会の中で生き残れないのである。

人事部門の仕事は次の章で説明するが，人事部門は「ヒト」を採用から退

社までの実務だけではない。全従業員に経営理念を徹底し，企業文化とも言える行動理念を，身をもって体得させる役割がある。

アメリカの社会学者エズラ・ヴォーゲルが「Japan as Number One」[1]という書を著したが，日本企業の発展し続けた高度成長の時代，日本企業には，追いつけ・追い越せという挑戦意欲をベースに社員個々人に愛社精神，忠誠心というもの育っていた。企業の発展と同時進行で社員の成長が実現できた時代だった。

この時代に遡る四半世紀以上前に松下電器を創業した松下幸之助は「物をつくる前に人をつくる」会社といい，「経営の根幹は人にある」，「事業は人なり」と言っている。[2]

失われた10年さらに20年と言われた1980年代後半になって，人的資源管理は，経営業績に左右されることで，大型リストラ，採用ストップなどを行ってきたが，急激な成長を望めない時代の人的資源管理として，新たに，社員の目指す方向と企業の目指す方向が共有できれば，社員個人も満足するし，企業も再び成長をとげるという期待を込めて「会社と個人のwin-winの関係」を人事政策に導入する企業が出てくるのである。

会社と個人の「Win-Win」の関係

会社のWin　「やりたい仕事・なりたい自分」へのチャレンジ　個人のWin
　　　　　　チームの一員として、ビジネスプラン達成に貢献

事業の成長 ← 継続的な業績向上 ← 会社 ⇔ 経営理念を共有 仕事でつながる ⇔ 個人 → 仕事を通じた自己実現 → 人の成長

グローバルな「活動の場」の提供
スキルアップ・スキルチェンジへの支援

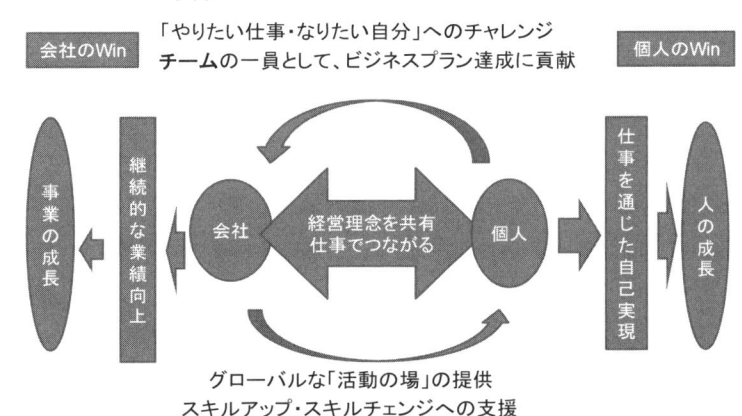

さらに時代を遡ると、三菱の基になった岩崎家、あるいは住友家、鐘紡などの家訓から、日本人の人を尊重する考え方をうかがうことができる。また、現代企業、あるいは教育機関にあっても、社会的存在として社会に有用な存在を目指した理念を読み取っていただきたい。

松下電器の「経営基本方針」1929年制定
　綱領：産業人たるの本分に徹し、社会生活の改善と向上を図り、世界文化の進展に寄与せんことを期す
　信条：向上発展は、各員の和親協力を得るに非ざれば得難く、各員至誠を旨とし、一致団結社務に服すること
松下電器の遵法すべき精神　1933年制定
　一、産業報国の精神
　一、公明正大の精神
　一、和親一致の精神
　一、力闘向上の精神
　一、礼節謙譲の精神
　一、順応同化の精神
　一、感謝報恩の精神

Panasonic社の「人事の基本」
事業は「人」なり、物をつくる前に人をつくる

| 人事方針 | 松下電器の経営理念を十分に理解し、常にその方針を体して使命達成に努力する人材を育成すること |

○自立した「本物のプロ」＋○強い個人をつなぐ「チームワーク」

全員経営
事業は「人」なり　「人」　一人ひとりが創業者

実力主義
○経営貢献度に基づく処遇・登用
＋
○オープンで納得性の高い評価

人間尊重
○個人の個性・挑戦意欲の尊重
＋
○仕事を通じた成長・自己実現

【岩崎家の家則（三菱）】
一、小事に齷齪（あくせく）するものは大事ならず，よろしく大事業経営の方針をとるべし
一、一たび着手せし事業は必ず成功せしめざるべからず
一、断じて投機的な事業を企つるなかれ
一、国家的観念をもってすべての経営事業にあたるべし
一、奉公誠意の念にすべて寸時もこれを離るべからず
一、勤倹身を持し，慈善人にまつべし
一、よく人材技能を鑑別し，すべからく適材に配すべし
一、部下を優遇するにつとめ，事業上の利益は，なるべく多くを分与すべし
一、 創業は大胆に，守成は小心たれ。樽よりくむ水にまして漏る水に留意すべし

【住友家の家則（広瀬宰平）】
一、主務の権限を越え，専断の所為あるべからず
二、職務に由り自己の利を図るべからず
三、一時の機に投じ，目前の利にはしり，危険の行為あるべからず
四、職務上に係り許可を受けずして，他より金銭物品を受領し又は私借すべからず
五、職務上過誤，失策，怠慢，疎漏なきを要す
六、名誉を害し，信用を傷つくるの挙動あるべからず
七、私事に関する金銭の取引其他証書類には，各店，各部の名柄（名前による権力）を用ふべからず
八、廉恥を重んじ，貪汚（たんお）の所為あるべからず
九、自他共同して他人の毀誉褒貶に関して私議すべからず
十、機密の事を漏洩すべからず
＊「家訓」第一勧銀経営センター，1981，「家憲正鑑」北原種忠，家憲制定会，大正6年

> 【鐘紡株式会社の基本理念】
> 一、愛と正義の人道主義（生命と人格を最高の価値とする経営）
> 一、科学的合理主義（真実と真理に基づく経営）
> 一、社会国家への奉仕（良品安価生産を通じて消費者への奉仕と，事業を通じて社会国家繁栄に貢献する経営）

現代の企業においても，

> 【㈱電通の「電通鬼十訓」】
> 一、仕事は自ら，「創る」べきで，与えられるべきではない
> 二、仕事とは，先手先手と「働き掛け」受身でやるべきではない
> 三、「大きい仕事」と取り組め。小さい仕事は己を小さくする
> 四、「難しい仕事」をねらえ。それを成し遂げるところに進歩がある
> 五、取組んだら「放すな」。殺されても放すな
> 六、周囲を「引きずり廻せ」。引きずるのと引きずられるのとでは長い間に天地の開きが出来る
> 七、「計画」をもて。長期の計画をもっておれば，忍耐と工夫と正しい努力と希望が生まれる
> 八、「自信」をもて。自信がないから君の仕事は迫力も粘りも厚みすらない
> 九、頭は常に「全回転」。八方に気を配って一分のすきがあってはならぬ。サービスとはそのようなものだ。
> 十、「摩擦を怖れるな」。摩擦は進歩の母，積極の肥料だ。でないと，君は卑屈未練になる。

> 【朝日新聞社の「朝日新聞綱領」】
> 一、不偏不党の地に立って言論の自由を貫き，民主国家の世界平和の確立に寄与す。
> 一、正義人道に基づいて国民の幸福に献身し，一切の不法と暴力を排して腐敗と闘う。
> 一、真実を公正敏速に報道し，評論は進歩的精神を持してその中正を期す。
> 一、常に寛容の心を忘れず，品位と責任を重んじ清新にして重厚の風をたっとぶ。

> 【東海大学の建学の精神】
> 　　若き日に　汝の思想を培え
> 　　若き日に　汝の体躯を養え
> 　　若き日に　汝の智能を磨け
> 　　若き日に　汝の希望を星につなげ
> 　　　　　　松前重義＊1936年（昭和11年）「望星学塾」開塾

　ここまで「ヒト」を尊重する日本企業の例を述べてきたが、やや特殊な例ではあるが、欧米企業においても、人間尊重の発想から経営理念を掲げ、今日まで継承している企業がある。

【ジョンソン&ジョンソンのわが信条】
　バンドエイドと言えば誰でも理解できるでしょうが、ジョンソン&ジョンソン（J&J）という会社の製品である。J&J社の経営理念に当たるものは「わが信条：Our Credo」と呼んでいる。創業者の息子のロバート・ウッド・ジョンソンが1943年に「わが信条」の原型を作った。当時はこれを守っていればビジネスは成長するだろうという5カ条を制定し、果たすべき5つの責任を明示したのである。同時に社員としての倫理条項をまとめたビジネス・コンダクトも定めた。この後、何回かの改定を重ねながら「わが信条」はJ&Jの経営のベースになっている。J&Jは世界に160余りの会社があるが、すべての現地法人の社長と本部のトップが集まり、「我々は本当に"わが信条"の理念に沿ってビジネスをやっているだろうか」について検討する会議を開いている。世界中のトップが集まる会議はワールド・ワイド・カンフェランスといって、その会議に出席する前に、それぞれの会社の幹部を対象にしたクレドー・チャレンジ・ミーティングを開催している。これは、それぞれの会社で毎日の業務を「わが信条」に沿って行っているかどうかを点検するものである。たとえば、「第一の責任が消費者に対する責任で株主が4番目だが、経営環境が厳しくなっている状況下では株主への責任が一番目でもいいのではないか」というような意見をまとめてワールド・ワイ

ド・カンフェランスに出席するのである。

　経営の考え方を表した「わが信条」が時代の変化に対応できているか，全世界で働く従業員の行動指針としてマネジメントに反映できているか，「わが信条」の策定以来，経営トップは疑問を投げ続けている。根本精神は，経営に携わる「ヒト」の意識レベルを維持し向上させることを狙っているのである。

わが信条[3]

我々の第一の責任は，
我々の製品およびサービスを使用してくれる医師，
看護婦，患者，そして母親，父親をはじめとする，
すべての消費者に対するものであると確信する。
消費者一人一人のニーズに応えるにあたり，
我々の行うすべての活動は質的に高い水準のものでなければならない。
適正な価格を維持するため，我々は常に製品原価を引き下げる
努力をしなければならない。
顧客からの注文には，迅速，かつ正確に応えなければならない。
我々の取引先には，適正な利益をあげる機会を提供しなければならない。
我々の第二の責任は全社員
―世界中で働く男性も女性も―に対するものである。
社員一人一人は個人として尊重され，
その尊厳と価値が認められなければならない。
社員は安心して仕事に従事できなければならない。
待遇は公正かつ適切でなければならず，
働く環境は清潔で，整理整頓され，かつ安全でなければならない。
社員が家族に対する責任を十分に果たすことができるよう，
配慮しなければならない。
能力ある人々には，雇用，能力開発および昇進の機会が
平等に与えられなければならない。
我々は有能な管理者を任命しなければならない。
そして，その行動は公正，かつ道義にかなったものでなければならない。

> 我々の第三の責任は，我々が生活し，働いている地域社会，
> 更には全世界の共同社会に対するものである。
> 我々は良き市民として，有益な社会事業および福祉に貢献し，
> 適切な租税を負担しなければならない。
> 我々は社会の発展，健康の増進，教育の改善に寄与する活動に
> 参画しなければならない。
> 我々が使用する施設を常に良好な状態に保ち，
> 環境と資源の保護に努めなければならない。
> 我々の第四の，そして最後の責任は，会社の株主に対するものである。
> 事業は健全な利益を生まなければならない。
> 我々は新しい考えを試みなければならない。
> 研究開発は継続され，革新的な企画は開発され，
> 失敗は償わなければならない。
> 新しい設備を購入し，新しい施設を整備し，
> 新しい製品を市場に導入しなければならない。
> 逆境の時に備えて蓄積を行わなければならない。
> これらすべての原則が実行されてはじめて，
> 株主は正当な報酬を享受することができるものと確信する。
>
> ジョンソン＆ジョンソン

3-2. 日本的経営の特徴

　日本において企業が直接従業員を雇用するようになるのは大正時代になってからと言われている。この時期は，テイラーの科学的管理法が出版された時期で，それ以前は，日本においても欧米の子弟制度と同様の親方による請負的な間接的労務管理体制であった。第二次大戦後，占領軍による民主化推進の中で民主的構造改革が行われ，日本的経営の特徴と言われる，企業別組合，年功序列制，終身雇用制[4]が定着していくのである。

企業別労働組合の成立

　占領軍による企業民主化の一環として労働組合の結成が促進された。わが国には戦前から，海員組合などの労働組合が存在したが，公式に認められることなく，戦時中は全く姿を消していた。占領軍から組合結成を要求されても，多くの企業はその知識すらなかった。右翼的なものから，左翼的なものまで，一時は野党化し，なかでも左翼的で資本主義企業体制の打倒をスローガンとし，ゼネストまで起こった。これに対してはマッカーサー司令部の中止命令が出るなど，企業経営はきわめて厳しい対応をせまられた。こうした紆余曲折はあったが，次第に労使間に労働協約が締結され，また，団体交渉と経営協議会の二本立てによる民主的な労使関係が，個別企業を基盤に定着していった。

　企業別組合は，御用組合に堕するおそれがあると懸念されたが，戦後の言語に絶する生活困難の中で，労使は対立しつつも，これを越えて所属企業の復興と再建によって，従業員に配分しうる原資を稼ぐ以外に路が無かったのであった。自分たちの企業以外に頼るものが無かった状況の下で，生活共同体であり，ひいては運命共同体である企業の枠内での労組の成立だったのである。これが，今日に至るまで，日本企業の正常な労使関係の基本線として存続し，日本経済の高度成長期における企業の順調な成長発展を支えたのである。春闘中心の労働条件の改善はもちろんのこと，不況期における従業員の企業内配転に際しても，また，新しい設備や技術の導入に際しても，従業員が，これらに柔軟に対応し得る基礎条件となったのである。

終身雇用と年功序列慣行の定着

　終身雇用の慣行は，明治末から大正にかけて，一部の企業で長期にわたって忠実に勤務する労働力を確保するために，三割以下の従業員に対して実施したのが始まりと言われている。戦後に労働組合が結成され，企業別組合の性格を有するに至る段階で，従業員の解雇が労使の協議事項となったため，特別な理由なしに，企業の都合で従業員を解雇することができなくなり，実質上終身雇用が，大企業中心に拡大されたのである。その結果，長期勤務に

よる熟練（いわゆる年功）が業績に結びつくと言う自然の姿として，受けつがれてきた年功序列制が，広く従業員に及ぶようになったのである。
　年功制は，技術革新が急激でなく，働く人個人の能力・適性がそれほど問題にならない時代には，従業員を公平に処遇する目安として，慣行的に実施されてきたのである。
　終身雇用は，個別企業にしか通用しない労働力を育成し，また，退職金が勤続年数にリンクするため，労働力の流動性を阻止する面があるし，年功制は，能力があり，業績をあげた者，積極的に仕事に取り組もうとする者の意欲を失わす面があるが，農村出身の労働力の供給が比較的豊富であった時代には，職を求めること自体が重要であり，終身雇用によって，失業の恐れから免れることができたのである。
　また，経済が成長し，たえず拡大し，常により多くの労働力を必要とする時代には，働く人々は，たえず賃金の上昇に恵まれるばかりか，管理・監督職位の増加によって，特に55歳という定年制の下では，広く昇進の道が開けていたのである。[5]

3-3. 人事労務管理の視点

　人事労務管理の視点から整理すると以下のように分類される。

1．人事労務管理の概念　経営学の一分野，ヒトに関するマネジメント機能
2．人事労務管理の対象　生きた人間　　1．企業にとっての人材
　　　　　　　　　　　　　　　　　　2．人格を持った社会的存在
　　　　　　　　　　　　　　　　　　3．市民あるいは賃金労働者
3．人事労務管理の領域　1．人材管理
　　　　　　　　　　　2．人間関係管理
　　　　　　　　　　　3．労使関係管理
4．人事労務管理の目標　1．企業目的の達成・業績向上への貢献
　　　　　　　　　　　2．全従業員の欲求充足・働きがい，満足度の追求

	3．社会からの期待への対応，人々の生活や福祉の向上に貢献
5．人事労務管理の性格	1．近代産業の発展過程で形成・確立
	2．企業の社会的使命を達成するためのマネジメント活動
	3．経営の安定，秩序確立，資源としての人材活用
	4．一連の体系を為した総合施策
	5．歴史的社会的諸条件の変化に応じて発展
	6．経営者の理念，姿勢により差がある

注
1 『ジャパンアズナンバーワン　アメリカへの教訓』エズラ・ヴォーゲル，広中和歌子・木本彰子訳，TBSブリタニカ，1979。
2 松下幸之助『実践経営哲学』PHP研究所，1978, pp.77-83。
3 ジョンソン&ジョンソン日本支社の受付に掲示，時代の変化に合わせて都度改訂される。
4 アベグレン・山岡洋一『日本の経営　新訳版』日本経済新聞社，2004。
5 小野豊明『グローバル経済下　日本型企業経営の時代来る』マネジメント社，1992, pp.38-41。

演習問題
1．日本的経営の3つの特徴について説明してください。
2．松下幸之助が言った「事業は人なり」の意味について説明してください。

第4章
人事の仕事

> **Summary**
> 　人事の仕事は，会社が必要とする人材を確保（採用）し「適切な」人材を「適正」に供給し，期待する役割と期待する成果を実現するよう，従業員が働きやすい環境，仕組み・制度をつくり，その運用を図ることである。具体的な人事管理の機能には，雇用管理（採用，配置，育成，雇用調整，退職管理，要員の適正化），報酬管理（賃金，福利厚生，昇進など），スキルアップとモチベーションを高めるための教育訓練と評価（昇給，昇進など）など多方面にわたる。
> 　組織には専門部門として一般に人事部門が存在するが，従業員の育成責任は，もちろん人事部長にもあるが，日常的に接しながら仕事の指示を行う現場の各組織の長にもあることを忘れてはならない。"従業員の育成責任は人事責任者と事業場長にある"と言われる所以はここにある。

4-1. 人事部の仕事

　人事部は，雇用の入口の採用から始まって，出口である退職に至るまで，「ヒト」に関わる仕事を担当する部門である。具体的には，会社が必要とするヒトを質・量の面で確保し，仕事ができるように育成し，必要な部署に配置する。安全で働きやすい労働環境を整備し，安心して働ける福利厚生を整備し，働きぶりを評価して賃金，賞与を支払う。このような様々な仕事を通

じて，働く従業員が最大限に能力を発揮し，会社の発展に貢献できるようサポートする重要な部門である。

　人事部では，従業員の採用から退職に至るまでの仕事全般を行う。一般的な人事部門の組織体制は以下のようである。また，主な仕事の詳細は以下の通りである。

一般的な人事部門の組織体制

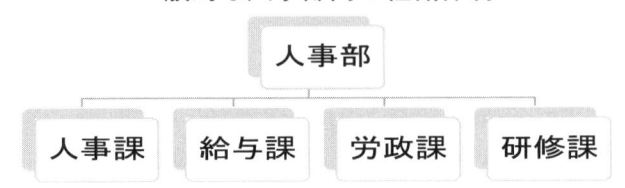

```
            人事部
   ┌────┬────┼────┬────┐
 人事課  給与課  労政課  研修課
```

- 人事課：採用管理，要員管理（配置・異動），人事考課，退職管理，勤怠管理，就業規則等の整備，懲戒，表彰制度，
- 給与課：賃金管理，社会保険手続き，
- 労政課：組合対策，労働協約，安全衛生管理・職場の環境整備（福利厚生）
- 研修課：教育訓練，提案制度，

採用管理	会社の各組織における経営計画と人員要望に基づき，中長期的視野に立った質・量両面から必要な人材確保のための要員計画を作成。 新規採用・中途採用の募集活動を行う。学生向けの説明会，インターンシップの受入れ，学校訪問など日程を決定し，選考活動に入る。採用試験，面接などにより人員を確保する。
要員管理 （任用）	要員計画に沿って採用した従業員を適材適所に配置する。また，能力開発等を目的に配置転換，昇進・昇格，出向・派遣・転籍等の人事異動を行う

人事考課	従業員の働きぶりを上司が把握し，昇給，賞与，昇進・昇格，配置，教育訓練等に反映させる人事考課制度を運用する。公平な人事考課が行われるよう考課者訓練を実施する
退職管理	退職願受理，定年後の再雇用手続き，解雇通知や解雇予告手当の支払い，退職金の支払い，退職証明の作成など退職に関する手続きを行う
勤怠管理	日々の労働時間，時間外労働や休日労働，遅刻早退，有給休暇などの手続きが適正に行われているかを確認しながら，従業員の健康管理と正確な給与計算の資料となる勤怠を把握する
就業規則等の整備	従業員の権利義務を明確にし，職場秩序の維持のためのルール作りを行い，全従業員に徹底し遵守させる。
賃金管理	給与規定に基づき，給与を計算し，一定期日に従業員に支払う。現在はほとんどの企業において金融機関振込が行われているため支払期日に従業員が引き出せるよう事務処理を行う。賞与，年末調整，退職金の支払いも行う
社会保険手続き	健康保険・厚生年金保険の社会保険，雇用保険・労災保険の労働保険の手続きを行う。
組合対策（労政）	労働組合が存在する場合，賃金交渉，賞与交渉，労働協約交渉，職場環境の整備など，労使による委員会運営，労働時間管理についての協約など
安全衛生管理	労働安全衛生法に定める安全衛生管理体制の整備と健康診断を実施する。 安全管理者や産業医などの選任，安全衛生委員会の実施など

(つづく)

職場の環境整備	従業員が働きやすい安全な職場の整備，目に優しい照明，操作性が良いパソコンや OA 機器などのハード面と，働く意欲が高く，コミュニケーションの良い職場というソフト面があるが，ソフト・ハード両面の環境整備
教育訓練	従業員の職務遂行上の知識，技術等を習得させ，経験を積ませるための教育訓練計画の作成，OJT，off-JT による指導，集合研修の実施，自己啓発支援など。新入社員に対する導入教育，階層別訓練，語学研修など。
その他	表彰制度の管理運営，懲戒，提案制度運用，インナーコミュニケーション推進など

4-2. 人事の基本，人事担当の要件

　人事の基本は，「その会社の成り立ち，行動の中心となる経営理念・経営方針を十分に理解し，常にその理念・方針を体して使命達成に努力する人材を育成する」ことにある。人の育成なくして事業を生成発展させることはできない。時代の進展とともに，社会は国際的な広がりをもって厳しく変化していく。目指すべき人事の姿は，経営方針を体して，変化を予見し，これに積極的に対応し，困難や厳しさを乗り越え，新たな創造に向かって逞しく挑戦する社員を生み出すことである。従業員個人の生きがい，働きがいを通じて，同時に企業の目標と一致するような，強固でしかも人を大切にする心豊かな人間集団を作り上げることである。そのためには一人ひとりの「ヒト」をよく知り，育て，よく活かすことが大切であり，その中心となるのは，それぞれの職場で人を預かる責任者である。

　求める社員像としては，意欲と個性にあふれ，真に社会に貢献する実力を備えた人で，同時に，理解と信頼の上に立って，協力して業務を遂行できる心の広さをもった人である。また，良識と豊かな人間性を備えた良き社会人，良き家庭人であることが望まれる。具体的には下記の 5 つに人間像が期

待される.
 1. 経営理念・経営方針の実践者：率先垂範
 2. 自主自立の挑戦者：志を持った強い挑戦意欲
 3. その道を極める専門家：それぞれの仕事を通じての専門家
 4. 豊かな個性の持ち主：その人らしさと他者の個性も尊重
 5. 広い視野を持つ国際人：良き国際人，国を愛する気概

　また，人事は社会から人を預かる（採用）部門であり，人の育成も大切な責務である．もちろん人の育成責任は，専門部門である人事部にあるが，会社組織は，各部門に分かれて全体業務を遂行するため，従業員に直接かかわる，各部門の長（社長，役員，本部長，部長，課長，係長，主任，班長，チームリーダーなど）にも育成責任がある．人を預かる者の基本としては以下の7つの要件が期待される．
 1. みずからの人間性の向上を：率先垂範，リーダーシップ
 2. 人が育つ組織・風土を：人が成長する職場風土づくり
 3. 個人意欲の喚起を：部下の適性・能力の把握とコミュニケーション
 4. 適切な要望と活躍の場の提供を：チャンスの提供，人材交流推進
 5. 多様性の実現を：自由闊達な職場風土の醸成
 6. 人を活かす評価を：公平で納得性ある評価
 7. 健全な労使関係の発展を：対立しつつ調和点を見出す

4-3. 従業員の育成責任

　企業などの組織における組織構造上の人に対する責任は人事部にある．しかし，企業組織は人事部だけで成り立つものではない．開発部門，製造部門（工場など），技術部門，購買部門，営業部門，国際部門，企画部門，秘書部門など，専門細分化されている．個々の組織はピラミット構造の組織もあれば，チームやプロジェクトによるフラットな組織もある．業務上の指示命令，報告連絡相談（ほうれんそう[1]）など，部下と上司の関係，チームリー

ダーとメンバーの関係，プロジェクトリーダー・プロジェクトマネージャーとプロジェクトメンバーとの関係などを通じて，人は育っていくものである。従って，日常的関係が密な現場における育成が不可決なのである。

"従業員の育成責任は人事責任者と事業場長にある"といわれる意味はここにあるのである。

注
1 「報告」「連絡」「相談」を短い言葉で分かりやすく野菜のホウレンソウに掛けた略語。1982年に山種証券社長の山崎富治が社内キャンペーンで始めたのが起源と言われている。その後全国の企業における職場のコミュニケーション良化の手段として普及していった。

演習問題
1．"従業員の育成責任は人事責任者と事業場長にある"という意味について説明してください。
2．人事担当の要件の"経営理念・経営方針の実践者"について説明してください。
3．"ほうれんそう"の活用について事例をあげてください。

第5章
労働時間

Summary

　労働時間とは，労働者が使用者の指揮命令下に置かれている時間である。人間の1日を考えると24時間をどのように使うかは，その人の自由である。1日には，生活時間（生活必要時間：睡眠，食事など）と拘束時間（仕事，学業，家事，通勤，通学など）があり，どこにも属さない時間を自由時間と呼ぶ。労働時間とは，一般にこの中の「仕事」の時間を指す。

　HRMの発達の過程で説明したが，労働者が使用者に雇用されるようになってから，労働時間の問題が注目されるようになった。

　この章では，戦後の労働法（労働組合法，労働基準法，労働関係調整法）制定以降の労働時間の考え方と変化について説明する。日本産業の高度成長期の年間労働時間は2000時間を越えていた。主に自動車，家電産業が世界的に成長し，世界のマーケットを席巻していた時代，日本製品は品質で世界から高い信頼を得ていたが，欧米の同業者からは，日本製品が廉価で国際マーケットで売られる背景には，年間労働時間が，欧米よりも各段に多い故との批判が起こった。わが国政府としては，産業の国際競争力は公平な労働環境の下で行われていることを証明するため，欧米並みの年間労働時間1800時間をめざし，短縮目標として"1800時間"推進の運動を行った経緯がある。

　1980年代後半からの低迷期以降は，製造現場の海外移転が相次いだため，労働時間短縮よりも国内産業保護，就業機会の確保に重点が置か

れていった．企業倒産，大量解雇など労働環境の悪条件が重なり，一方で限られた労働者に対する長時間労働の強要などによる，健康被害，自殺，あるいは，残業不認定（サービス残業，名ばかり管理職，一人店長など）による社会的な問題への対処のため，再び1800時間問題が起こっている．

一方，働き方についても変化が起こり，フレックスタイム，裁量労働制[1]などが普及していくが，近年では，一定の成果を期待し，労働時間だけで賃金を決めない，ホワイトカラーエグゼンプション[2]などの導入が検討されるようになった．

5-1. 労働時間管理の原則

労働時間を適切に管理するためには，労働時間の概念について法律に基づいて正しく理解することが不可欠である．労働時間と休憩時間，休日と休暇，時間外労働と休日労働に関する基本的な事項に整理する．

【労働時間の概念】

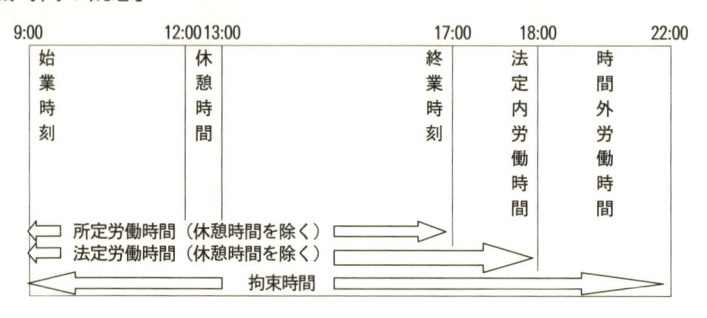

	9:00	12:00	13:00	17:00	18:00	22:00
	始業時刻	休憩時間		終業時刻	法定内労働時間	時間外労働時間

所定労働時間（休憩時間を除く）
法定労働時間（休憩時間を除く）
拘束時間

上図は9時始業で17時終業の事例で，22時まで勤務した場合を表している．

「拘束時間」とは出勤から退社までの全時間を指し，休憩時間も含まれる．この場合，9時から22時までの13時間が拘束時間となる．

「労働時間」とは使用者が指揮監督の下にある時間を指し，現実に活動している時間とは限らない。

しかし，使用者の命令があればいつでも作業ができる状態で待機している手待ち時間や，作業はしていなくても監視のための時間なども労働時間に含まれる。一般的には，拘束時間から休憩時間を除いた時間を指す。上図では，12時から13時の休憩時間（60分）を除いた12時間が労働時間となる。

では，「法定労働時間」とはどのようなものであろうか。法律で定められた労働時間のことである。わが国では，労働基準法第32条で定められている。

「所定労働時間」とは，就業規則等で定めた始業から終業までの時間のうち，休憩時間を除いた時間を言う。上図では，休憩時間1時間を除いた9時から17時までの7時間を所定労働時間として設定している。労働基準法では1日8時間を法定労働時間と定めているため，上図のように18時まで働いても1日8時間の場合は法定内労働時間なのである。18時から22時までの4時間は法定外労働時間となる。

(1) 8時間労働

労働基準法の第32条第1項よると，「使用者は，労働者に休憩時間を除き1日8時間，1週間について40時間を超えて労働させてはならない」，また，第2項では「1週間の各日については，労働者の休憩時間を除き1日について，8時間を越えて労働させてはならない」と定めている。この1日というのは，暦日であり，午前0時から24時間を示している。1日8時間という労働時間の根拠は，一般に24時間の枠のなかで，睡眠，食事，身支度などの生理的な時間と，社会的・文化的な時間との関係で決められている。

この1日8時間労働制の原則には，いくつかの適用除外例が認められている。大きく分けると，1日8時間労働制を変形して適用することと，1日8時間労働を超える労働時間を認めるものの2つがある。

1日8時間を超える労働時間については，一部サービス業などに認められている1日9時間労働制のものや変形労働時間制を採用している職場の場合と，割増賃金の支払い対象とするいわゆる時間外労働とに分けることができる。

8時間労働制の変形

変形労働時間

労働基準法32条2項の規定によると,「使用者は就業規則その他により1ヵ月を平均して,1週間の労働時間が40時間を超えない定めをしたときは,その定めによる規定にかかわらず,特定の日に8時間,または特定の週に40時間を超えて労働させることができる」

1年単位の変形労働時間制は,1ヵ月を超え1年以内の一定期間を平均して1週間当たりの労働時間が40時間を超えない定めをした場合,1日・1週の所定労働時間を1日10時間・1週52時間まで延長できる制度。

＊ 就業規則にその旨を明示する必要がある。

8時間労働の特例

商業,接客娯楽業,運輸交通,病院などの保健衛生業などについては,労働基準法40条の規定によって,労働時間,休憩などについては特例が認められている。

＊ 家族事業や管理者,監視労働なども適用除外

フレックスタイム制

変形労働時間制の一つの形態であるフレックスタイム制は1日の所定労働時間の長さを固定的に定めないで,1週,1カ月等というように一定の期間の総労働時間を定めておいて,労働者はその総労働時間の範囲で各労働日の労働時間を自分で決めて働くことができる。ただし,下記の一定の要件を満たす必要がある（労働基準法第32条の3）。

① 就業規則その他にこれに準ずるものに始業・終業の時刻を労働者の決定に任せることを定めること。

② 書面による労働協約を定めていること。必要項目は,対象労働者の範囲,精算期間（1ヵ月以内）,精算期間中の総労働時間,1日の労働時間,コアタイムまたはフレキシブルタイムを定める場合には,その

開始および終了時刻。
【フレックスタイム制のモデル】

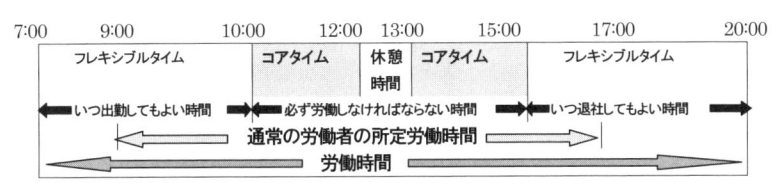

| 7:00 | 9:00 | 10:00 | 12:00 13:00 | 15:00 | 17:00 | 20:00 |

フレキシブルタイム｜コアタイム｜休憩時間｜コアタイム｜フレキシブルタイム

←いつ出勤してもよい時間→ ←必ず労働しなければならない時間→ ←いつ退社してもよい時間→

←通常の労働者の所定労働時間→
←――――労働時間――――→

裁量労働制：6業務

裁量労働制は，技術革新の進展，経済のサービス化，情報化の進行など労働を取り巻く環境の変化の中で，就業形態のそうした変化対応の必要性の高まりによって制定，採用されたものである。裁量労働制には，専門業務型（労基法第38条の3）と企画業務型（労基法第38条の4）の2種類がある。こうした裁量労働制が成立する要件としては，① 労働者の裁量に委ねられる必要があること。② 使用者の具体的な指揮監督になじまないこと。③通常の方法による労働時間の算定が適切でない業務が増加していることなどが挙げられる。

裁量労働制では，実際に働いた労働時間ではなく，事前に定められた時間数（みなし労働時間）を労働したものとみなす訳で「みなし労働時間制」が適用される。

【専門業務型裁量労働制】5業務＋14業務
1．新商品または新技術の研究開発等の業務
2．情報処理システムの分析または設計の業務
3．記事の取材または編集の業務
4．デザイナーの業務
5．プロデューサーまたはディレクターの業務
6．1～5に掲げるもののほか，中央労働基準審査会の議を経て厚生労働大臣の指定する業務（14業務）
　コピーライター，システムコンサルタント，インテリアコーディネーター，ゲーム用ソフトウェアの創作，金融商品の開発，大学における

教授研究，公認会計士，弁護士，建築士，不動産鑑定士，弁理士，税理士，中小企業診断士

【企画業務型裁量労働制】

　企画業務型裁量労働制とは，事業の運営上重要な決定が行われる企業の本社などにおいて，企画，立案，調査および分析の業務を行う労働者を対象に，業務の遂行手段や方法，時間配分を大幅に労働者に委ねることとした場合に，一定時間を労働したとみなすことができる制度である。

(2) 休憩時間

　休憩時間は，拘束時間中ではあるが，勤務から解放され，労働をしないことが保障されている時間を指す。労働を継続することによって，人間は疲労が蓄積し，集中力や労働生産性が低下する。また，ミスや事故，けがの発生率も高まる。労働者の心身共にリフレッシュさせる必要性から，労働基準法で労働者に「休憩」を与えることを使用者に義務付けている。

　休憩時間は労働時間によって2つの時間を規定しているが，途中に，一斉に，自由にという原則も忘れてはならない。

「使用者は，労働時間が6時間を超える場合においては，少なくとも45分，8時間を超える場合においては，少なくとも1時間の休憩時間を労働時間の途中に与えなければならない」(34条 ①)

「前項の休憩時間は，一斉に与えなければならない。ただし，行政官庁の許可を受けた場合においては，この限りではない」(34条 ②)

「使用者は，第一項の休憩時間を自由に利用させなければならない。(34条 ③)

<練習問題>　8時始業，17時終業　の会社の「休憩時間」＝60分
　　　　　　9時始業，17時終業　の会社の「休憩時間」＝45分

(3) 休日と休暇

「休日」とは，労働契約において労働義務を負わない日で，従業員は労働から解放されている日である。休日の考え方としては，全員に一斉に与える必要はなく，一斉休日制にするか，個人別休日制にするか，企業の判断で決めることができる。

「休暇」とは，当日に労働者の就業を必要としない労働から解放されている点では休日と似ている。休日と異なる点は，労働義務を負う日であるが，個別に就業義務を免除されている日であるということである。また休日は，使用者から，積極的に一定の期間内に一定の日数を，労働義務のない日として従業員に与えなけばならないのに対し，休暇は，従業員の指定または請求に対して使用者が付与するものである点で大きな違いがある。

休日
　「使用者は，労働者に対して，毎週少なくとも1回の休日を与えなければならない」(35条①)
　「前項の規定は，4週間を通じ4日以上休日を与える使用者については適用しない」(35条②)

(4) 年次有給休暇

「年次有給休暇」とは，労働基準法第39条により，従業員に必ず付与しなければならないと定められている休暇である。その要件は，入社後，満6ヵ月間継続勤務した者で，かつ全労働日の80％以上出勤した者に対して10日間与えられ，以後6ヵ月以降1年ごとに1日（3年6ヵ月以上は2日）ずつ増やし，最高20日とされている。

一方，会社は有給休暇として，法定休暇日数を上回って与えることもできる。入社の年から与えてもよく，出勤率が悪くても与えることはできる。

年次有給休暇
　「使用者は，その雇い入れの日から起算して6ヵ月継続勤務し全労働

> 日の8割以上出勤した労働者に対して，継続し，または分割した10労働日の有給休暇を与えなければならない」(39条①)
>
> 「使用者は，1年6ヵ月以上継続勤務した労働者に対しては，6ヵ月を超えて継続勤務する日から起算した継続勤務年数1年（当該労働者が全労働日の8割以上出勤した1年に限る）ごとに，前項の日数に1労働日を加算した有給休暇を与えなければならない。ただし，総日数が20日を超える場合においては，その超える日数については有給休暇を与えることを要しない」(39条②)
>
> 「使用者は，前3項の規定による有給休暇を労働者の請求する時季に与えなければならない。ただし，請求された時季に有給休暇を与えることが事業の正常な運営を妨げる場合においては，他の時季にこれを与えることができる」(39条④ 季変更権)

(5) 時間外労働

労働基準法第32条により，休憩時間を除いて1週40時間，1日8時間の法定労働時間の限度が定められているが，多くの企業では以下の要件を満たしていれば，労働者に時間外労働を命じることができる。

① 労働協約，就業規則，労働契約のいずれかに時間外労働を命じる規定があること。
② 労働組合（無い場合は労働者の過半巣を代表する労働者）との書面による協定（「36協定」）を締結し，労働基準監督署に届け出ること。
③ 36協定の内容は，厚生労働大臣の定める労働時間の延長の限度に関する基準以内とすること。
④ 坑内労働，その他有害業務について，1日2時間の時間外労働を限度とすること。

ただし，時間外労働がなく36協定の届け出をしていない事業場でも，災害その他避けることができない理由で臨時の必要があるときは，労働基準監督署の許可を得て，労働時間を延長，休日に労働させることができる。

(6) 36協定

　使用者は労働者を法定労働時間を越えて労働（時間外労働）させたり，法定休日に労働（休日労働）させて利するためには，労働者の代表と時間外労働協定あるいは休日労働協定を結び，それを労働基準監督署に届ける必要がある。

　やむを得ない事由があって，限度時間を超えて時間外労働を命じなければならない場合，36協定に「特別条項」を記載することで可能となる。特別条項には，① 臨時的に限度時間を超えて時間外労働をしなければならない特別の具体的事情を定め，② 限度時間を超えて時間外労働する場合の手続きや労使間の協議事項，③ 限度時間を超える時間数，④ 限度時間を超える回数（1年の半分で6回まで），⑤ 限度時間を超えて働かせる一定の期間（1日を超えて3ヵ月以内の期間，1年間）ごとの割増賃金率，を定める必要がある。

5-2. 労働時間短縮への取り組み

(1) 政府による労働時間等見直しガイドライン（平成20年厚生労働省告示108号）

　わが国は，経済的地位においては世界有数の水準に達したが，その経済的地位にふさわしい豊かでゆとりある労働者生活の実現については多くの課題を抱えてきた。労使の真摯な取り組みにより労働時間の短縮は着実に進み，おおむね1800時間台前半で推移している。しかしながら，その内容を見ると，全労働者平均の労働時間が短縮した原因は，主に労働時間の短い者の割合が増加した結果であり，いわゆる正社員等については2000時間前後で推移しており，依然として労働時間は短縮していない。一方，労働時間の長い者と短い者の割合が共に増加し，いわゆる「労働時間分布の二極化」が進展している。また，年次有給休暇の取得率は低下傾向にあり，さらに，長い労働時間等の業務に起因した脳・心臓疾患に関わる労災認定件数は高水準で推移している。そして，急速な少子高齢化，労働者の意識や抱える事情の多様化等が進んでいる。

このような情勢の中，今後とも労働時間の短縮が重要であることは言うまでもないが，全労働者を平均しての年間総実労働時間1800時間という目標を用いることは時宜に合わなくなってきた。むしろ，経済社会を持続可能なものとしていくためには，その担い手である労働者が，心身の健康を保持できることはもとより，職業生活の各段階において，家庭生活，自発的な職業能力開発，地域活動等に必要とされる時間と労働時間を柔軟に組み合わせ，心身共に充実した状態で意欲と能力を十分に発揮できる環境を整備していくことが必要となっている。

　このような考え方は，仕事と生活の調和（ワーク・ライフ・バランス）の推進という観点から，平成19年12月に制定された「仕事と生活の調和（ワーク・ライフ・バランス）憲章」及び「仕事と生活の調和推進のための行動指針」においても盛り込まれている。

(2)　労働時間等の設定の改善に関する基本的考え方

　企業の活力や競争力の源泉である有能な人材の確保・育成・定着の可能性を高めることが趣旨で，労働時間，休日数，年次有給休暇を与える時季その他の労働時間等に関する事項について労働者の健康と生活に配慮するとともに多様な働き方に対応したものへ改善することが重要である。

　労働者は，企業経営の効率化と活性化，国民経済の健全な発展に資するものであり，企業にとっては「コスト」としてではなく，「明日への投資」として積極的に捉えていく実用がある。

　具体的には，労働時間の短縮の推進，多様な事情への配慮と自主的な取組みの推進であり，経営者は，自ら主導して職場風土改革のための意識改革，柔軟な働き方の実現等に取組む必要がある。その際，経営者は姿勢を明確にするとともに，企業内の推進体制を確立するためにも，役員等が指揮することが必要である。

　労使間の話し合いの機会を整備するために委員会の設置も大事で，その際には，性別，年齢，家族構成等並びに育児・介護，自発的な職業能力開発等の経験及び知見に配慮することが望ましい。

「ノー残業デー」「ノー残業ウィーク」の導入・拡大等による，所定労働時間削減，ワークシェアリングや在宅勤務，テレワーク等の活用に努めることが期待される。

(3) 労働時間短縮（年間実労働時間1800時間達成）に必要な施策
　　① 完全週休2日制の実現
　　② 年次有給休暇20日間の付与と完全消化
　　③ 恒常的な残業をなくす

(4) 労働時間短縮の方法
　　① 所定労働時間の削減
　　② 残業とりわけ恒常的な残業の削減
　　③ 有給休暇の付与日数の増加と取得率の向上

(5) 恒常的な残業を減らすには
　　① 業務体制の見直し
　　② 職場風土の改革
　　③ 仕事の進捗に応じた労働時間管理

(6) 年次有給休暇が消化されない理由
　　① 仕事が多い
　　② 代わりがいない
　　③ 病気などのために残しておく
　　④ 上司や同僚に気兼ね

(7) 年次有給休暇取得率の向上策
　　① 完全取得を当然とする職場風土の確立
　　② 休暇取得時の代行者の選定など体制の見直し
　　③ 有給休暇の計画的付与制度の活用

注

1. 業務の遂行方法が大幅に労働者の裁量に委ねられる一定の業務に携わる労働者について，労働時間の計算を実労働時間ではなく，みなし時間によって行う制度。専門業務型（専門的な業種の労働者について労使協定によりみなし時間を決める）と企画業務型（経営の中枢部門の企画・立案・調査・分析業務に従事する労働者が対象）がある。
2. 事務職などホワイトカラーと呼ばれる労働者を対象に，労働時間の規制を外す制度。残業代や休日手当が払われず，賃金は従来の裁量労働制より成果重視の傾向が強まる。欧米では多くの国が導入済みで，米国では雇用者の20％程度が対象。日本の労働界からは正社員の労働時間がさらに増えかねないとの批判も出ている。（日本経済新聞 2014.8.18 一面，労働時間規制の緩和制度導入から）

ホワイトカラー・エクゼンプションを前向きに検討する主な企業（日経新聞上記参照）

	期待する効果	導入したい対象者
伊藤忠商事	生産性向上と残業の削減	年収 1000 万円以上の大半の社員と想定
三井物産	自律的な働きで，生産性の向上	営業，企画など調整部門，為替ディーラーなど
富士フイルム	生産性向上，ワークライフバランス	極力幅広く導入したい
ダイキン工業	働き方変える転機になる	幅広い職種での導入が効果的
日本精工	ワークライフバランスの実現	研究，開発部門など専門職
タカラトミー	顧客志向の仕事への変化	玩具開発者など

演習問題

1. 下記の労働時間の場合，使用者が従業員に労働時間の途中に最低限与えなければならない休憩時間をカッコに書いてください。

    8:00 始業で 17:00 終業の場合　休憩時間は（　　　）分
    8:15 始業で 17:15 終業の場合　休憩時間は（　　　）分
    9:00 始業で 17:30 終業の場合　休憩時間は（　　　）分
    9:00 始業で 18:00 終業の場合　休憩時間は（　　　）分
    7:15 始業で 16:30 終業の場合　休憩時間は（　　　）分

2. 次の文章で正しいものには「〇」，間違いには「×」をつけてください。
    （　　）　8時間連続で仕事をしてもらったので，終わってから1時間の休憩時間を与えた。
    （　　）　8:00～17:00 の労働時間の途中に1時間の休憩時間を与えた。

(　　) 8:30〜17:00 の労働時間の途中に 45 分の休憩時間を与えた。
(　　) 部下から友人と旅行に行くため年次有給休暇の申請を受けたが，決算で大事な時期のため許可を与えなかった。上司として，決算業務決算業務終了後の適当な時期に改めて申請するよう指導した。
(　　) フレックスタイム導入の職場では，出勤時間はその日の体調で決めて良い。

第 6 章
賃金と福利厚生

> **Summary**
> 　賃金とは「労働の対価」である。労働者の立場からは「所得」ないし「生計費」であり，使用者の立場からは「コスト」ないし「経費」としての人件費である。このように立場によって相反した 2 つの性格をもつが，「モチベーション要因」という共通項もある。
> 　賃金が低すぎて家計の維持に事欠くようであれば，十分な働きは期待できない。「衣食足りて礼節を知る」という中国の言葉があるように，労働に対するインセンティブの基本は，まず賃金である。
> 　賃金は経営上は，労働コストつまり人件費として計上されるが，従業員を社会からの預かりものという発想からすると，「育成に関わる投資」と考えることができる。
> 　この章では，コストとしての人件費全般について説明する。給与，賞与，退職金などが主なものだが，政府に納めなければならない法定福利費，企業独自に設けている法定外福利費，従業員の福祉に関わるコストも含まれる。

6-1. 賃金管理とその目的

　賃金とは，「賃金・給与・手当・賞与その他名称の如何を問わず，労働の対償として支払うすべてのもの」（労働基準法 11 条）と定めている。労働契約法では「労働契約は，労働者が使用者に使用されて労働し，使用者がこれ

に対して賃金を支払う」（労働契約法6条）と定義されている。

　賃金の機能としては，従業員の労働意欲の喚起や優秀な人材の確保のための外的報酬と位置づける見方もある。従業員に長く勤めて欲しい場合，勤続年数が延びるたびに昇給する仕組みをつくっておけば，リテンション効果も期待できるし，従業員の業務遂行能力に応じて賃金を得ることで，生活に必要な費用を賄えるうえ，企業における自己の相対的価値を知る機会にもなる。

　賃金管理の目的は以下の4つである。

(1) 労働の対価

　　法解釈上の義務を履行するために，労働基準法第11条で「賃金とは，賃金，給料，手当，賞与その他名称の如何を問わず，労働の対償として使用者が労働者に支払うすべてのものをいう」と定義している。

(2) 生計費

　　賃金は従業員の生活福祉を保障する賃金水準の維持を目指すことであり，労働基準法第1条で「労働者が人たるに値する生活を営むための必要を充たすべきものでなければならない」と書かれているように生活に必要な生計費を提供することである。

(3) コスト

　　事業経営を行う使用者の立場からは，賃金はコストである。法解釈上は福利厚生は労働の対価ではなく，賃金に含めないが，労務費の考え方からは，法定福利費の会社負担分および法定外福利費を含めて広い意味の賃金ととらえる必要がある。

(4) モチベーション要因

　　ハーズバーグの動機づけ理論では，賃金は衛生要因であるが，適正な賃金制度による賃金の支払いは，動機付け要因である「仕事そのもの」の達成度および成果の大小を適正な賃金でフィードバックすることにより，従業員の納得性，合意性を得ることができ，モチベーション機能を発揮することになる。

【賃金支払いの 5 原則】

　企業が従業員に賃金を支払うには一定のルールが存在する。労働の対価である賃金は，働く当事者自身が賃金を得る権利を持ち，以下の 5 つの原則が法律（労働基準法 24 条）で規定されている。

(1) 通貨払いの原則：賃金は現金で支払わなければならず，現物（会社の商品）で払ってはならない。ただし，今日，企業が従業員に支払う給与は，ほとんどの場合金融機関への振込となっている。下記の条件を満たした場合，通貨払いの原則とみなすことができる。

　1．労働者の個別の同意があること。

　2．労働者の過半数で組織する労働組合，それが無い場合には労働者の過半数を代表する者と使用者が，対象労働者の範囲その他について書面協定を締結すること。

　3．賃金支払い日に，対象労働者個人に対し賃金計算書を交付すること。

　4．振り込まれた賃金は，所定賃金支払日の午前 10 時頃までに払い出しが可能であること。

　5．金融機関は労働者の便宜を十分配慮して定めること。

(2) 直接本人払いの原則：賃金は労働者本人に払わなければならない。未成年だからといって親などに代わりに支払うことはできない。

(3) 全額払いの原則：賃金は全額残らず支払わなければならない。「積立金」等の名目で強制的に賃金の一部を控除（天引き）して支払うことは禁止されている。ただし，所得税，社会保険料など法令で定められているものの控除は認めている。

(4) 毎月一回以上払いの原則：賃金は毎月一回以上支払わなければならない。「今月は 2 カ月分まとめて払うから待ってくれ」は認められない。

(5) 毎月一定期日払いの原則：賃金は毎月一定の期日を決めて支払わなければならない。支払日を，「毎月 20〜25 日の間」や「毎月第 4 金曜日」など変動する期日とすることは認められていない。

6-2. 賃金体系

　日本企業の大部分は，職能資格制度の下，定額給制で，かつ月給制を採用している。企業の労働コスト総額のうち，福利厚生費を除いた残りの約8割が，現金給与としての賃金となる。賃金体系は下図に示すように，所定労働に対して支払われる所定内賃金と，それ以外の所定外賃金で構成される。

　所定内賃金には，全員に支給される基本給と，従業員の個別事情を考慮して条件適合者のみに毎月支給される固定的な諸手当とがある。基本給は，年齢や職能資格，職務，勤続状況に応じて支給される。

　固定的な諸手当の代表例としては，役職に就く者に支給される「役職手当」，仕事に役立つ公的資格取得者に対する「公的資格手当」，扶養家族のいる者に対する「家族手当」，通勤の実費としての「通勤手当」，家賃など住宅関連費用の補助としての「住宅手当」，「単身赴任手当」などがある。地域の物価差を補填するための「地域手当」，寒冷地の暖房代の一部としての「寒冷地手当」，高所での作業や危険を伴う作業などに従事する従業員に支給される「特殊勤務手当」「特殊作業手当」，外回りが多い営業回りの従業員に支給される「外勤手当」，また，社員食堂を利用できない従業員に支給される「食事手当」など数多くあるが，法律で規定されているものではないので，

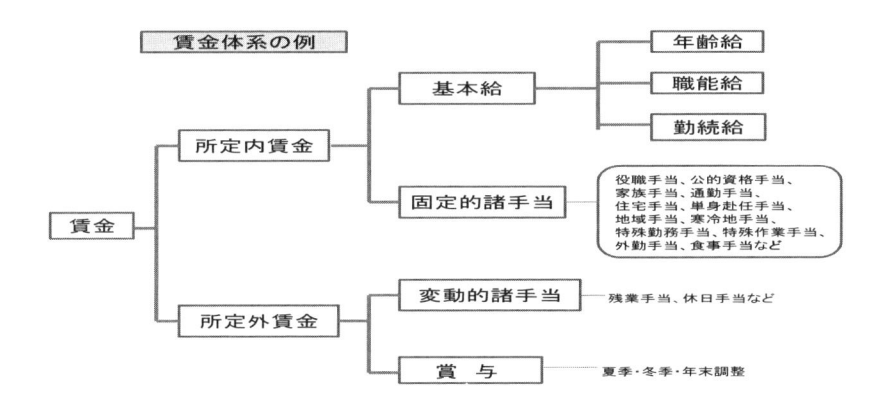

企業によって，支給対象，呼称が異なる。

　所定外賃金の代表格が，ボーナスと呼ばれる賞与である。賞与は，業績に対する報奨，もしくは企業からの恩恵的給付という意味合いを持つ経営側の表現だが，これに対して労働組合側は，一時金と呼んでいる。労働組合では，この報酬を従業員が正当に受け取るべき賃金の一部ととらえるからである。多くの日本企業では，夏季と冬季の年2回支給（企業によってはさらに年度末の期末手当）し，その平均総額は一般に給与の4，5ヵ月分に相当する。賞与は年収の4分の1程度にあたるため，従業員にとっては重要な収入源といえるが，経営側としては，業績に対する報奨という性格から，基本給と異なり，支払い義務があるわけではない。

　日本的人事管理の特徴の一つに年功賃金があるが，年功給体系の賃金決定の基準は　勤続，年齢，学歴，勤務成績で決まるため，入社することで，生活を保障し，労働者の意識を安定させる役割があった。これは日本人の社会的意識に即しており，帰属意識の向上に役立ち，合理的な人事労務管理体系の根拠となった。一方，課題もあった。安定ムードによる仕事への厳しさの欠如，ピラミッド型組織による従属的意識が強くなることで，自ら進んで自己啓発等による能力開発への意欲に欠ける面がある。組織を維持するあまり没個性的になり，能力伸長がなくても，勤続を増すごとに賃金が上昇するため，人件費総額の増大を助長することにもなった。

年俸制

　賃金は，その支払い形態は月給制が一般的であったが，この月給制は，日給制が発展したものである。さらに，1990年代後半頃から，管理職や一部の専門職に対して年俸制を導入する企業が増えてきた。

　管理職や一部専門職については，その仕事の成果が少なくとも1ヵ月あるいはそれ以上のサイクルでなければ評価しにくい。さらに，管理職については，1年間を通じなければ成果が確認できないケースもある。また，1年間を通じて仕事の繁閑があったり，専門職であれば，その成果が単年度で見えない場合もあり，年俸制で対応するようになったのである。

年俸制導入に際しては，これまでは属人的傾向が強かった日本の賃金政策とは異なる，仕事中心の評価システムの導入が必要となる。達成目標の明確化，業績評価システムの整備等，社員の納得性を重視した導入が必要である。

6-3. 賞与と退職金

「賞与」は，俗にボーナスと呼ばれ，組合的には一時金と呼ばれている。夏季と冬季に毎月の賃金とは別に支給される。欧米ではクリスマス手当，利潤分配的ボーナスがあるが，その支給額は日本企業のように本給掛ける月数というものではない。欧州では 13 ヶ月目の賃金と呼ばれる 1 ヵ月ほどの一時金が支給される例があるが，日本の賞与のように慣行的に制度化された賃金外的支給は，諸外国では一般化されていない。わが国の賞与には 4 つの性格がある。
(1) 慣行説：盆暮れという社会的・風俗的慣行にのっとって支給される性格
(2) 生活補充的後払説：戦後のインフレショックという経済的背景下，生計を補助する後払いという性格。
(3) 恩恵説：功労奨励的性格のもので，使用者の専断的な温情で支給するという性格
(4) 賃金調整的後払説：毎月定期的に支給される給与は生活給であるが，景気変動その他の事情により企業の賃金支払い能力は変動的なものである。この二律背反を処理するためには総事業費の中の人件費で調整せざるを得ない状況が起こり得る。このために賞与に総額賃金の調整機能をもたせる性格がある。

以上の性格があるが，給与で生活を支える給与所得者としては，会社から支給される月々の給与を当てにすると共に，賞与に対する期待も大きい。特に住宅を購入し，住宅ローンを組んだ場合，返済条件の中に賞与による返済も組み入れるという実態を考慮するならば，給与そのものとみなす意識を持つことになる。

「退職金制度」とは，退職，解雇，死亡などの理由で雇用関係は消滅する際に，事業主などから労働者に対して一定の金額が支払われる制度である。日本企業のほとんどが退職金制度を導入していると言われているが，法律上の支払義務はなく，企業が恩恵的に社員に支給する性格がある。

欧米企業の場合は，一般に退職金制度を導入していない。欧米企業の場合，日本のような学卒定期採用，新卒という社会習慣が無いため，給与決定も個々の能力に応じて個別に雇用契約を結ぶ方法を取っている。また，長期雇用が前提となっていないため，恩恵的性格を持っていない。

日本の退職金制度の原点は，江戸時代に主家に住み込んで働く奉公人に遡る。奉公期間を終えて退勤する際に，地位や勤続年数に応じて，功労に報いるための手元金を恩恵的に支給する習わしがあった。

明治時代になると，「富国強兵」「殖産興業」の掛け声のもと，近代産業が急速に発展したため，熟練労働者の移動や引き抜きが頻発し，この労働者の定着化対策（リテンション）として，長期勤続を奨励する退職金制度を導入する企業が増えてきた。

戦後の荒廃の中での産業復興は厳しいものがあったが，占領軍の政策で昭和20年に労働組合法が公布されると，労働組合は，激しい労働争議において，賃上げなどとともに，退職金制度の普及も要求として掲げたのである。また，当時の激しいインフレ下では賃上げをしても実質賃金が目減りし，賃下げ同然であったため，「退職金は本来支払われるべき労働の対価が一部留保され，その留保部分を退職時に支払うものである」とする「退職金の賃金後払い説」が労働組合の有力な見解となったのである。一般には，① 功労奨励説，② 賃金後払説，③ 老後保障説がある。

昨今，日本企業においても退職金の廃止，前払い方式など，退職金制度の見直しを行う企業が増えてきた。

退職金前払い制度

勤続年数が長ければ長いほど退職金が増額する制度は，終身雇用の働き方が前提だったが，昨今，同じ企業に縛られずに，自分の能力が活かされる企

業にジョブホッピングする若者が出てきた。優秀な人材を維持したい企業と，優秀な人材を新たに確保したい企業のニーズは相反するものと思えるが，社員の定着を目的の退職金制度がなければ，能力そのものを評価し，業績に応じた賃金支給を実現することができる。日本的社会習慣を残しつつ，定着率の向上と，相反する優秀な人材の確保を目指す秘策として，退職金前払い制度が生まれたのである。その特徴は3つある。

実際の運用は，退職金制度を残したまま，退職後に支給されるであろう賞与を，月例賃金や賞与に上乗せして前払いする制度で，従業員から見れば，退職金を在職中に受け取る制度である。社員の引き留め効果は減少する一方で，将来の退職金給付債務を圧縮できるメリットはある。

(1) 人材の流動化への対応：即戦力としての人材を確保するインパクトになる。勤続年数の長短に関わらず，能力・実績の評価が直接賃金に反映される。必ずしも長期勤続を望まない専門性の高い人材にとって納得性が高い仕組みといえる。
(2) 社員の多様な価値観への対応：採用段階から長期的な雇用を前提としない若年層のニーズに対応する時代にあった制度。
(3) 退職金給付会計への対応：退職給付債務の対象外で企業会計上のメリットがある。ただし以下の留意事項がある。
    ① 給与課税の対象，また社会保険料の対象となるため，社員にどこまで負担させるか検討を要する（退職金控除の対象とならない）。
    ② 退職金制度を残しつつ，運用で月例給与あるいは賞与に上乗せするものであれば，退職金制度の廃止ではないので，分かりやすい説明を要する。

【事例】パナソニックの退職金前払い制度
　1998年にパナソニック社（旧松下電器）が「退職金前払い制度」を導入
・特徴

> ① 前払いを受けるかどうか個人で選択できること
> ② 前払いされる退職金はボーナス時に手当として一括して支給される
> ③ 手当の金額は租税負担分を考慮して，手当分とその運用益の総額が定年退職金とほぼ同額になるように設定されている
>
> ・新入社員85％以上が選択，その理由
> ① 自分への投資（自己啓発などスキルアップ）
> ② ゆとり資金（生活・レジャー資金）
> ③ 定年まで勤めるよりも当座の収入に期待
> ④ 若者の期待に答える企業姿勢

6-4. 福利厚生

福利厚生とは，従業員およびその家族の福祉の向上のために，現金給与以外の形で企業が給付する報酬の総称である。福利厚生の機能としては，① 生活保障機能，② 人材確保機能，③ 労使関係安定化機能をあげることができる。その目的には2つある。

(1) 公的な社会保障システムの一翼を担うものとしての法定福利費。

厚生年金保険，健康保険・介護保険，労災保険，雇用保険等の社会保険制度に基づいて法的に義務付けられた保険料で，一定の料率での負担が決められていて，企業に裁量の余地がない固定費である。

(2) 従業員の生活の安定を保障する人事管理的な狙いで，企業独自の裁量に基づいて行うもので，地位，仕事の成果にかかわらず従業員に平等に配分される法定外福利費。

法定外福利費には5分野（住宅関連，医療・保険関連，生活援助関連，慶弔・共済関連，文化・体育・レクリエーション関連，）のほか，その他として私的保険，労災付加給付，持株奨励金，提案報奨金などがある。

	分類	施策
法定福利費	社会保険料	健康保険，厚生年金保険，雇用保険，労働者災害補償保険，
	その他	身体障害者雇用納付金など，
法定外福利費	住宅	給与住宅（世帯用・単身用） 持家援助（資金融資），分譲，利子補給，財形貯蓄）
	医療・健保	医療施設（病院，診療所，医務室，休憩室） 保健衛生（健康診断，人間ドック，薬品支給）
	慶弔・共済・保険	慶弔見舞金制度，共済会，グループ保険
	生活援助	給食（食堂，給食補助），販売（売店，生協），被服（作業委の支給），通勤（通勤バス，駐車場），託児・育英（保育所，育成資金），家族援助（ホームヘルプ制度，生活相談）
	文化・体育・レクリエーション	文化体育施設（図書館，体育館，プール，グランド，集会場，海の家） 文化体育活動（講習会，文化祭，運動会，慰安旅行）
	その他	財産形成（社内預金，持ち株会）

6-5. 安全衛生

　健康で安全な明るい職場づくりは職場安全衛生活動の基本である。安全衛生は，労働時間，賃金などと同じく労働条件を維持管理する人事管理上の重要な仕事である。その目的は，労働環境としての職場の物理的・化学的環境条件を整備し，労働災害や疾病にかからない予防体制を整えることである。

良い労働環境は，従業員の勤労意欲の向上に役立ち，また，企業内の事故防止につながる。労働組合については第9章で触れるが，職場の安全，職場環境の整備については労使による委員会で改善・向上を目指すことが経営活動に必要不可欠なことである。

「安全」管理とは，事故を防ぐことである。「危険」からの防止を意味し，具体的には「火災」や「爆発」のような突発的な事故などの発生を予防することである。

「衛生」管理とは，正常な健康が阻害されるのを防ぐことである。例えば有害物による中毒，病原菌による感染などを事前に予防して正常な健康状態を維持することである。

従業員全員の力で職場の良化や心身の健康の増進，体力づくりに真剣に取り組み，安心して働ける職場を確立していくことが大切である。この基本的な考え方を図示すれば下記の通りである。

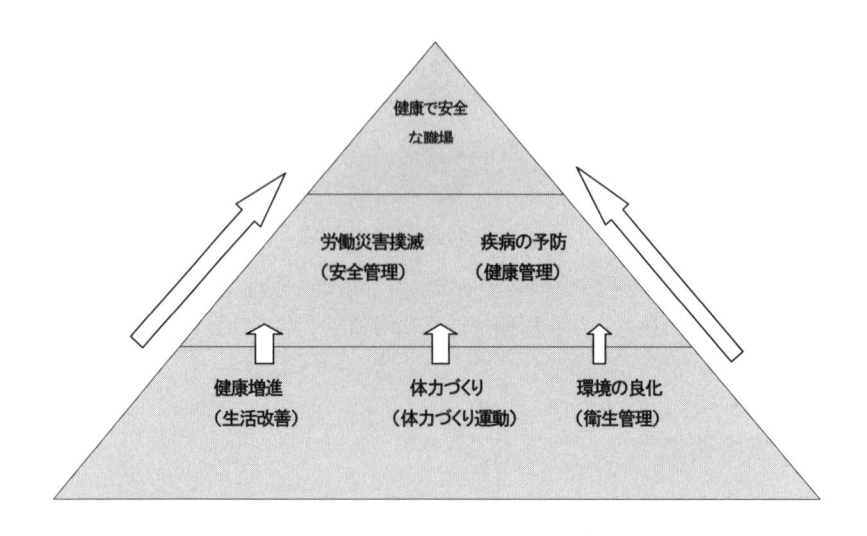

```
              健康で安全
              な職場

        労働災害撲滅    疾病の予防
        （安全管理）    （健康管理）

   健康増進      体力づくり      環境の良化
  （生活改善）  （体力づくり運動） （衛生管理）
```

企業が行うべき安全衛生施策

労働者安全衛生法では，企業として行わなければならない諸施策として以

下のようなことを明示している。
 (1) 労働災害防止計画を策定すること。
 (2) 安全衛生管理者の選任など安全衛生管理体制を確立すること。
 (3) 労働者の危険または健康障害を防止するための措置を講じること。
 (4) 機械等および有害物質に関する規則。
 (5) 労働者に対する安全衛生教育の実施
 (6) 作業環境を快適にする努力および健康診断の実施
 (7) 安全または衛生に関する改善計画の作成および作成に際して労働者の代表の意見の聴取と計画案の遵守義務

などである。さらに該当事業場の建築等に対する届け出義務や立ち入り検査をさせるという規定もある。

　企業が行うべき安全対策としては，以下の事項があげられる。
 (1) 作業環境の整備
 (2) 安全施設の完備
 (3) 労働条件の改善
 (4) 服装，保護具の整備
 (5) 適正配置と年少者，婦人の保護
 (6) 避難訓練の実施
 (7) 安全規定と安全教育

メンタルヘルス対策

　多様化する時代にあって，現代企業は，従業員の心身面の安全・健康だけでなく，心の健康への配慮が不可欠となっている。日本では自殺者が増加傾向にあり，1年間の自殺者は，交通事故死の3倍から4倍の3万人台を推移している。かつては働く現場における事故，または通勤途上における事故を労災申請するケースが普通であったが，慢性的な長時間労働や仕事のストレス，職場における人間関係などに起因する精神障害による自殺の労災申請が増加し，認定されるケースも増えてきた。ここで言う精神障害とは，躁鬱症や統合失調症，アルコール依存症や心身症，脅迫神経症などを指す。

パワハラ（パワー・ハラスメント）と呼ばれる，職場での上下関係の違いを利用した，強圧的な命令，いやがらせに耐えられなくて，欠勤，休職を繰り返す若者も増加している。

2006年に厚生労働省が「労働者の心の健康の保持増進のための指針」を出し，各事業場が推進すべきメンタルヘルス・ケアの方向性を示している。

① 従業員自身によるセルフケア。
② ラインによるケア
③ 事業場内の産業保健スタッフによるケア
④ 事業場外の資源によるケア

【コラム：ハインリッヒの法則〜1対29対300】

重大事故の7割から8割はヒューマンエラーが原因となっている。「1つの大事故の背景には，29件の軽微な事故が存在し，さらには300件の取るに足らないニアミスが存在する」とハインリッヒが言っている。つまり，「大事故の予兆となる300件ものニアミスを把握し，それが起きた状況分析を徹底すれば，大事故は98％予防できる」のである。

ニアミスとは「ヒヤリ」，「ハット」する職場での一瞬の「危ない」という感覚的なものだが，人間には慣れというものがあって，「ヒヤリ」「ハット」を麻痺させる「慣れ」が大事故の芽となるのである。「ヒヤリ」「ハット」が見逃される結果，あるいは，「ヒヤリ」「ハット」隠しにつながる上司の言動が，大事故を生むことになる。

　　　　　　隠そうという意思　＞　大事故を防ぐという意思
どちらを選択するでしょうか。

演習問題
1．賃金支払いの5原則とは何でしょう。具体的に説明してください。
2．法定福利費について，例をあげて説明してください。
3．法定外福利費について，例をあげて説明してください。

第7章

評　　価

> **Summary**
> 　人事の基本は人を知り，そのうえで一人ひとりの意欲を活かし，長所を伸ばし，個性を発揮させ，真の実力を備えた社員を育成していくことにあり，評価制度は，こうした社員づくりの中心となるものである。
> 　評価制度を通じて，上司は部下一人ひとりを的確に把握し，部下のチャレンジ意欲を喚起させるための話し合いを行って，将来の目標を上司と部下が共有することが大切である。その目標に向かって果敢に挑戦していく，いわば励みとなる制度として運用していかなけらばならない。
> 　人的資源に対する評価は，人事考課と呼ばれる。その目的は，従業員の日々の勤務状況や仕事ぶり，実績などの実態把握である。人事考課の結果は，異動・昇進・育成に活かされるが，賃金などの報酬に反映される。

7-1.「任用評価」と「賃金評価」の明確な区分

　評価制度には，中長期的観点で，意欲・能力・適性を個別に把握した上で，各人の育成方向や配置，昇給，研修計画を検討する「任用評価」と，一定期間に発揮された能力・実績（業績）を把握し，その働きに応じて昇給・賞与を適切に決定するための「賃金評価（報酬評価）」があるが，それぞれの目的，内容を十分に理解したうえで，明確に区別し，評価を行うことが重

要である。

　人づくりの基本は任用評価である。一般に，本人が行うチャレンジプラン（目標管理など）と，上司が行う人材開発育成プランに分かれる。

　「チャレンジプラン」は，自己の目標に対する挑戦度合いを確認し，将来方向についての希望や計画をみずから作成するものである。

　「人材開発育成プラン」は，担当業務を通じて部下一人の意欲・持ち味・能力を把握して，今後の育成計画を検討し，具体的に研修計画・異動措置計画・昇格検討計画等を策定していくものである。

　運用のポイントとしては3つある。
① 部下をよく理解し，励みとなる評価を行うこと。
② 公平さ・納得性が評価の基本である。
③ 任用評価と賃金評価は明確に区別して実施すること。

7-2. 人事考課の目的

　さて，働く現場では人事考課という言い方が一般的である。教育界（主に義務教育課程）では勤務評定といって教職員を総合的に評価する査定（給与の査定，賞与の査定）という言葉も使われるが評価には違いない。

　人事考課の項目を要素別に分けると，① 能力評価（職務遂行に必要な能力や態度），② 情意評価（仕事に対する取り組み姿勢・意欲・勤務態度），③業績評価（顕在的な貢献度）の大きく3種類に分けることができる。これらの組み合わせやウェイトを変化させることで，企業が重視する戦略や，期待する人間像を周知できるのである。情意評価のウェイトが高ければ，勤勉な従業員を，業績評価が高ければ比較的短期間で具体的な成果をあげる従業員を評価することができる。

　評価の原則は，評価基準を公開することだが，必ずしも明確でない企業もある。評価者は上位組織責任者である。重層型の組織であれば，段階的に評価が行われることにより，組織横断的な評価が行われることで公平性を維持することができる。昇給考課は，一般に年に一度行われる。年間を通じての

評価を行う必要があるが，実際に考課表をチェックする時期に近い業務態度・成績に重きが行くことで偏った評価をしてしまう可能性がある。以下は評価者の陥りやすいエラーである。年間を通した公平性を担保する評価を行うためには，以下のエラーを防止することが重要である。

【評価者の陥りやすいエラー】

寛大化傾向	評価される者の心中を慮り，実際の評価よりも甘く評定し，良い評価の方に偏る傾向。部下の抵抗感を抑えたいとの心理が働いている。
中心化傾向	評価が平均的・中央に偏りがちになる傾向。評価に自信が無い場合や，評価される者との軋轢を回避したい場合に起こりがち。
ハロー効果	特定の長所や業績で，評価される者のすべてを良く評価しがちになったり，評価項目別の特徴を見落とすエラーのこと。
対比誤差	考課者自身の特徴を判断基準にすることで，評価される者を不当に高く，もしくは低く評価してしまうこと。高業績者が無意識に自分と比較して，標準的な部下を優秀でないと厳しい評価を下すことなどが，これに該当する。
論理的誤謬	思い込みや根拠の無い一般的通念が先行することで，誤った評価を下しやすいこと。血液型による性格判断や，体育会系のリーダーシップ信仰など。

7-3. 人事考課の考え方

　人事考課のやり方は時代のニーズによって変化してきている。1970年代の日本社会は，ベビーブーム世代が大学を卒業した時代で，産業界の発展が目覚ましく，右肩上がりの経済成長が見込まれた。豊富な労働力を確保でき，日本的人事管理の特徴である年功序列制度の下，人的資源管理は，全体の中で優秀な人材を育てつつ，総体としての賃金も上昇していった。働く現

場では，顕著な業績やスキルアップがあれば高い評価が得られたが，組織内のバランスに重点が置かれる相対考課が中心であった。

　1980年代後半に，成長が止まり，企業業績にも陰りが見えるようになると，従業員個人の成長の度合いを評価することに重点が置かれ，絶対評価が一般的になる。一人の個人が，目標を掲げ，その目標に向かって，どれだけ努力し，努力の結果がどれだけの業績に反映されたかを評価する方法に変わっていく。人材育成型絶対評価が行われるのである。

　1990年代になっても低成長が続き，組織を構成する従業員のモチベーションをいかにして維持し高めるかが，人事部門の大事な仕事となっていく。経営における人に対する評価を，相対的評価から絶対評価に変えても，成長が止まり停滞する組織風土の中では，厳しさだけでは人が動かない状況へと進んでいった。産業界の経営トップが好んで引用した言葉ある。

　「やってみせ，言って聞かせて，させてみて，ほめてやらねば，人は動かじ」

　山本五十六の名言と言われているが，この時代に，多くの企業では，減点主義から加点主義人事への変更が行われるのである。加点主義人事に転換することにより，日本的人事の"雇用してから育てる"という特徴を最大限に活かすことができるようになった。やがて，絶対評価を尊重する中で，実力主義的人事管理の手法が採用されるようになっていくのである。

【減点主義から加点主義への転換】

＜減点主義＞		＜加点主義＞
出る杭は打つ	⇒	出る杭は育てる
管理主義（管理と規制）	⇒	挑戦主義（自由と創造）
年功主義（差別主義）	⇒	機会均等
短所主義	⇒	長所主義
選別主義	⇒	育成主義
一律等質主義	⇒	個別主義
企業主義	⇒	生涯労働充足主義
集団の尊重	⇒	個の尊重

評価の目的や考え方も，成績をつけて優秀者とそうでない者の差別化ではなく，社員個々人が持つ，潜在能力の発掘と育成に重きが置かれるようになる。人事評価は，もちろん限られた財源の中で，人件費総額をいかに公平に配分するかの目安としていたが，従業員の潜在能力を発掘することで固有の力を把握し，育成によってさらに成長させるための投資と考える考え方が主流となる。

　1年ごとに評価が実施され，その結果，昇進・昇格が行われる。従業員個々人に短期的な目標を立てさせ，目標に向かっての努力姿勢と現実の成果を共有できる人的資源管理の手法として目標管理が広く導入される。上司と部下が目標の共有化を行うためには面接（面談）による話し合いが大事で，面接手法についても，多くの改善が行われた。以下の図式は，人的資源管理の変化を示したものである。

人を活かす評価制度

人事評価の2つの側面

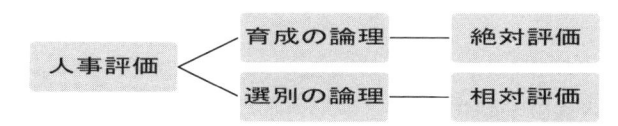

人事評価
- 育成の論理 —— 絶対評価
- 選別の論理 —— 相対評価

加点主義人事への転換

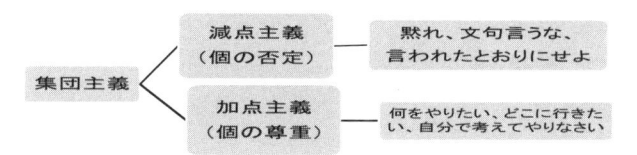

集団主義
- 減点主義（個の否定）—— 黙れ、文句言うな、言われたとおりにせよ
- 加点主義（個の尊重）—— 何をやりたい、どこに行きたい、自分で考えてやりなさい

78　第7章　評　価

能力主義人事の流れ

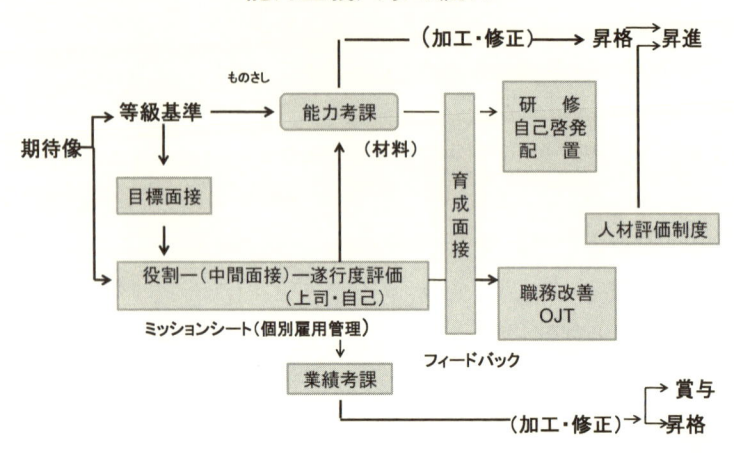

（加工・修正）→昇格→昇進

期待像→等級基準→（ものさし）→能力考課（材料）→研修・自己啓発・配置

目標面接

役割─（中間面接）─遂行度評価（上司・自己）

ミッションシート（個別雇用管理）

育成面接→職務改善 OJT

人材評価制度

業績考課

フィードバック

（加工・修正）→賞与／昇格

　人事評価は上司が行うため，人事部門による評価者訓練が必要である。組織内では，最終的にバランスを取る必要上相対評価となるが，個々の従業員の評価については，まず絶対考課で進めることが大事で，そのための要件として次の5つのポイントが挙げられる。
　① 人事考課の理論的組立
　② 基準の明確化
　③ フィードバックシステムの確実化
　④ 処遇への反映
　⑤ 定期的な考課者訓練の実施
上司の姿勢が大事で，さらに人事考課制度の留意点として以下の11のポイントが挙げられる。
　① 賃金に差をつけるだけが目的ではない
　② 観察と分析こそが人事考課
　③ 考課基準の確認こそがすべて
　④ 非公開では維持できない
　⑤ 自己評価をかみ合わせる

⑥　チャレンジ制度
⑦　考課者訓練の徹底実施
⑧　事後調整はできるだけ避ける
⑨　ルールの設定には労使で協議を
⑩　思いつきのバラバラな人事制度では効果があがらない
⑪　フィードバックと教育訓練への徹底活用

　絶対評価を行うためには，個々人のスキル・能力の把握が必要で，目標に対する現実のレベルを把握すること。そして常に現状よりも上を目指す指導が大事で，適切な指導を行うことで従業員のスキル・能力の向上が実現し，結果として組織全体の業績向上につなげることができるのである。

考課者訓練の狙い

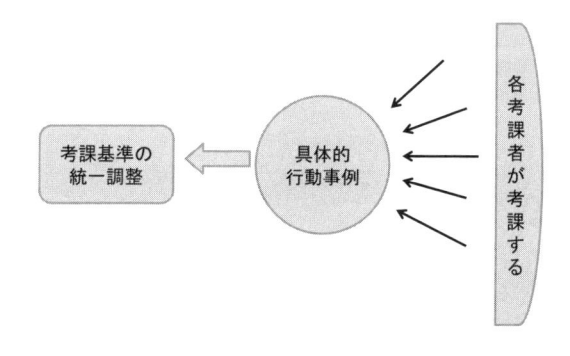

各考課者が考課する → 具体的行動事例 → 考課基準の統一調整

個人によってバーの高さを調整する

個人によってバーの高さを調整した時は
標準のバーの高さに対し どのような位置づけ
になるかを把握し明記する

```
                        ————————————(+1)  ┐
標準となるバー         ————————————       ├ 同一考課でも個人
（等級別にある）       ————————————(−1)  ┘ によってバーの高さ
                                            が変わる
```

【効果基準と人事考課】

効果基準 ————————————————— 期待し、要求している
                                程度（職務基準）に対する
                                絶対成果

飛び越えているならバーを上げる
飛び越えていないならバーを下げるか訓練指導する

等級基準と職務基準

考課基準＝組織（上司）が各人（部下）に対し
　　　　期待し要求する内容とレベルの具体的明細

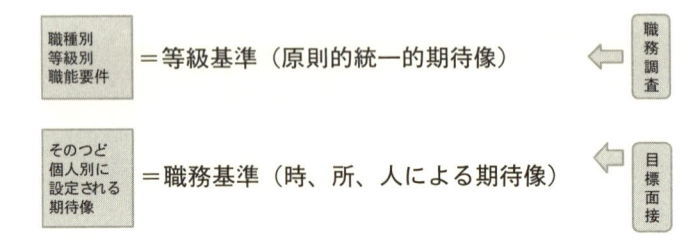

| 職種別等級別職能要件 | ＝等級基準（原則的統一的期待像） | ← 職務調査 |

| そのつど個人別に設定される期待像 | ＝職務基準（時、所、人による期待像） | ← 目標面接 |

　評価を行うためには基準がなければ公平性を保てないことは当然である。多くの日本企業が時代の変化に対応する人事制度を構築してきたが，仕事そのものに対する，企業内の位置づけ，価値，難易度，経験等について，詳細にわたる基準書（記述書）を作成することが大前提であり不可欠である。仕事の指図書などは，この基準に基づいて，作業の効率性，作業手順の遵守による災害防止，品質の維持などを，担当する誰でもが理解できるよう記述したものである。企業の各組織に配置されたメンバーが担当する職務（仕事）

の責任範囲なども，明確に記述されることが望ましい。詳細内容については，個々の業態，現場の状態によって異なるため本テキストでは省略するが，基準がある前提で，仕事を担当する個々人の評価が可能となることを理解していただきたい。

人事・労務の流れ

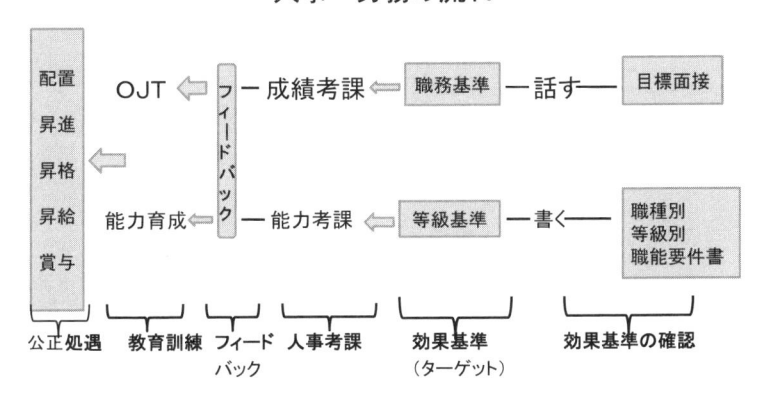

配置・昇進・昇格・昇給・賞与 ← OJT ← フィードバック ← 成績考課 ← 職務基準 ─話す─ 目標面接

← 能力育成 ← フィードバック ← 能力考課 ← 等級基準 ─書く─ 職種別 等級別 職能要件書

公正処遇／教育訓練／フィードバック／人事考課／効果基準（ターゲット）／効果基準の確認

職務調査は不可欠

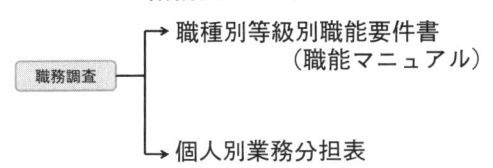

職務調査 →　職種別等級別職能要件書（職能マニュアル）
　　　　　→　個人別業務分担表

【役割と職務と課業】

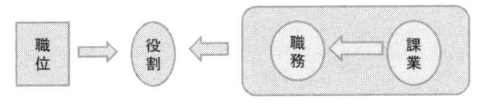

職位 ⇒ 役割 ⇐ 職務 ← 課業

第7章 評　価

職種別等級別「職能要件」（等級基準）

【職歴要件】
1. 最低必要年数
2. キャリアパス

【習熟要件】
どんなレベルの仕事をどれくらいの広がりでできる必要があるかの明細

【修得要件】
習得すべき知識・技能の明細

職能要件と能力開発・能力評価システム

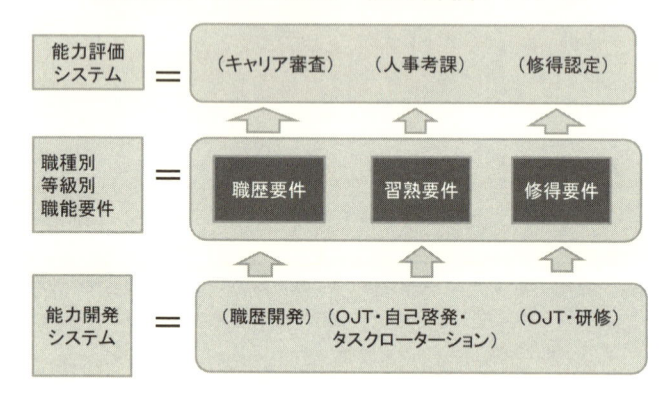

能力評価システム ＝ （キャリア審査）　（人事考課）　（修得認定）

職種別等級別職能要件 ＝ 職歴要件　習熟要件　修得要件

能力開発システム ＝ （職歴開発）（OJT・自己啓発・タスクローテーション）（OJT・研修）

7-3. 人事考課の考え方　83

職務調査の流れ

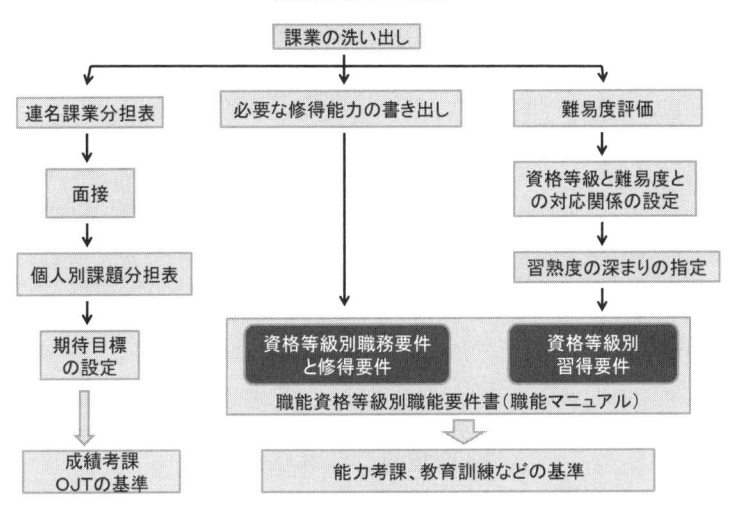

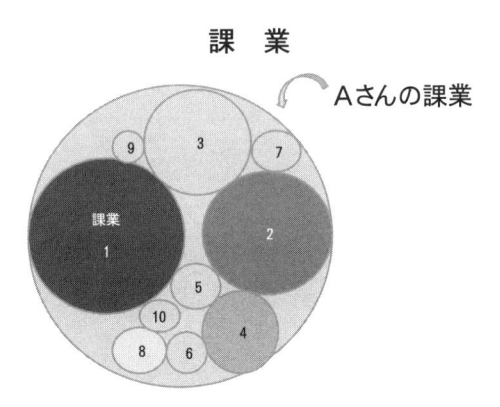

```
                    課業の洗い出し
         ┌──────────────┼──────────────┐
         ↓              ↓              ↓
   連名課業分担表   必要な修得能力の書き出し   難易度評価
         ↓                             ↓
       面接                      資格等級と難易度と
         ↓                       の対応関係の設定
   個人別課題分担表                      ↓
         ↓                       習熟度の深まりの指定
     期待目標              ↓              ↓
     の設定          資格等級別職務要件   資格等級別
         ↓          と修得要件         習得要件
                    職能資格等級別職能要件書（職能マニュアル）
     成績考課
     OJTの基準        能力考課、教育訓練などの基準
```

課　業

Aさんの課業

84　第7章　評　価

職種別課業の書き出し

		職　種	№12.	人事			
		（難易度）	A	B	C	D	E
	中項目	小項目					
		小項目					
大項目	中項目	小項目					
		小項目					

職務調査の基本様式

業務	課業	内容	難易度					習熟度指定								
			A	B	C	D	E	1	2	3	4	5	6	7	8	9
1. …	○○○	1. … 2. … 3. … 4. …														
2. …	○○○	1. … 2. … 3. … 4. …														
3. …	○○○	1. … 2. …														

職能資格制度のしくみ

	等級	定義	経験年数	昇格基準	初任格付	対応職位
管理職能	M-9級	統率業務	～年	(実績)	—	部長
	8	上級管理業務	⑥	(実績)	—	次長
	7	管理業務	⑤	(実績)	—	課長
				<登用試験>		
中間指導職能	S-6級	企画・監督業務	3～⑤	(能力)	—	係長
	5	判断指導業務	3～④～10	(能力)	—	班長・主人
	4	判断業務	2～③～8	(能力)	—	上級係員
				<昇任試験>		
一般職能	J-3級	判断定型業務	2～③～5	(勤続)	大卒	中級係員
	2	熟練定型業務	2	(勤続)	短大卒	一般係員
	1	定型・補助業務	2	(勤続)	高卒	初級係員

演習問題

1. 評価者の陥りやすいエラーについて具体的に説明してください。

第 8 章
労働組合

> **Summary**
>
> 　労働組合は，労働者の労働条件の改善など，経済的地位の向上を主たる目的としている。戦後の占領政策の中で，企業の民主化を進める一つの手段として，組合結成を要請された。日本の労働組合は，欧米先進諸国が産業別組織形態を取っているのとは異なり，ほとんどが企業別組合の組織形態を取っている。
>
> 　経営者と労働者の関係は，利害が対立する内容が多いが，権利を勝ち取るための交渉が認められている。団結権，団体交渉権，争議権を労働三権と呼ぶ。労使協議制により，対等の立場で経営に参加する仕組みができることによって，労働組合の目的である働く環境の整備改善が進むこととなった。

8-1. 労働組合の目的

　日本国憲法第 28 条[1]により保障されている労働三権（団結権，団体交渉権，争議権）を具体化した法律が労働組合法で，第 2 条において「労働組合」とは，労働者が主体となって自主的に労働条件の維持改善その他経済的地位の向上を図ることを主たる目的として組織する団体またはその連合団体をいうと定められている。

　「労働組合」とは　労働者が自ら仕事や暮らしの質や条件を維持・改善することを目的として自主的に組織した民主的な団体である。労働者が団結し

て相互に助け合うことで労働者の権利を守る活動を行う組織である。労働組合法第2条で規定されている主体性，自主性，目的性，団体性を労働組合の4要件といい，この4要件を満たしていない組織は労働組合として認められず，労働組合法の保護を受けることができない。

① 主体性：組織の主体が労働者であること
② 自主性：労働者が自主的に組織し，会社から組織的に独立していること
③ 目的性：組織の目的が，労働条件の維持改善など経済的地位の向上にあること。政治運動や共済事業が主体的であってはならない
④ 団体性：規約や役員など団体としての体裁を整えていること

8-2. 労働組合の組織形態

労働組合の最も基本となる組織は単組（単位組合）である。単組は，使用者との交渉，組織内の意思決定，組合費の管理などの権利を持っている。この単組をまとめる組織形態としては職業別労働組合，産業別労働組合，企業別労働組合の3つがある。

職業別労働組合：同一職種の労働者を横断的にした労働組合
産業別労働組合：同一産業に属する労働者を横断的に組織した労働組合
企業別労働組合：特定の企業ないしその事業所を組織単位とした労働組合

日本の場合，企業別労働組合が圧倒的に多い。その特徴は，ブルーカラー，ホワイトカラーにかかわらず，原則としてその企業の正規従業員が組合員であるため，組合の役員も当該企業の従業員から選ばれた企業在籍役員である。欧米の場合は，産業レベルの産業別労働組合，職業別労働組合が単位組合で，企業内の組合は単位組合の支部となっている。

【労働組合の組織レベル】

	日本の場合	欧米の場合
国レベル	ナショナル・センター（産業別連合体の連合体）	ナショナル・センター（単位組合の連合体）
産業（職業）レベル	産業別連合体	単位組合
企業レベル	単位組合（企業別組合）	単位組合の支部

【日本のナショナル・センターと主要産業別連合体】

ナショナル・センター	主要産業別連合体
連合（日本労働組合総連合）	UIゼンセン同盟，自動車総連，電機連合，JAM，基幹労連，生保労連，情報労連，電力総連，サービス-流通連合，運輸労連等
全労連（全国労働組合総連合）	日本医労連，生協労連，建交労，全労連・全国一般，運輸労連等
全労協（全国労働組合連絡協議会）	国労，都労連

8-3. 企業別労働組合の特徴

① 工職混合組織（ブルーカラーもホワイトカラーも）
② 正社員限定，管理職は非組合員
③ 組合役員は企業在籍役員
④ 自立度が高く，産別の統制や影響が相対的に低い
⑤ 当該企業の存続・発展について経営側と利害が一致する傾向が強い
⑥ 連合組織，協議体として相互の結びつきが強い

8-4. 労働組合の組織率

　戦後政策により，わが国の労働組合の組織化が進み，1947年の労働組合数は全国で23,323組合，労働組合員は5,692,179人，推定組織率は45.3％に達した。しかし，1970年代後半以降は低下傾向となり，1983年には30％を割り，2003年に20％を下回った。

日本における労働組合の組織率低下の構造的要因
　① 産業構造の変化
　② 減量経営による雇用機会の減少
　③ パートタイマーなど組織範囲外の労働形態の増加
　④ 従業員の高齢化，高学歴化，企業の分社化により管理職の増加

労働組合員の組合離れ
　① 価値観の多様化：生活水準，労働条件の向上
　　　　　　　　　　組合員の高学歴化，ホワイトカラー化
　　　　　　　　　　世代間の価値観，ニーズギャップ
　② 環境変化：企業の分社化，出向
　　　　　　　　合理化による人員縮小
　　　　　　　　勤務体制の多様化
　　　　　　　　遠距離通勤の増加
　　　　　　　　個人の時間重視
　③ 組合の存在感が薄れた

8-5. 集団的労使関係における交渉形態

団体交渉：労働者の雇用・労働条件を決定する労使交渉の最も重要な制度
　　　　　労働者の団体交渉権は憲法第28条で保障

団体交渉を拒否することは，労働組合法第7条によって不当労働行為とみなされる

労働三権：団体交渉権
　　　　　団結権
　　　　　団体行動権（争議権，スト権）

労使協議会：労働者の代表と使用者が企業経営上の諸問題，とりわけ労働者の雇用・労働条件や生活上の利害関係に直接・間接に影響する諸問題について，情報や意見を交換する常設的機関

公務員とスト権

　労働者に対しては憲法上，団結権，団体交渉権，争議権（スト権）の労働基本権が認められているが，公務員は職務の公共性などから，国家公務員法や地方公務員法でストが禁じられ，団体交渉権も一定の制約を受けている。代わりに，人事院（人事委員会）勧告制度による給与水準の保障やさまざまな身分保障があるが，国会では最近，スト権を付与する一方で，能力主義やリストラを進めるべきだとの声も上がっている。

不当労働行為

　労働組合法では，使用者による行為は不当労働行為として禁止されている。

不利益取扱：労働者が労働組合の組合員であることや，労働組合の正当な行為を行ったという理由で労働者を解雇したり，その他の不利益な取扱いをすること。

黄犬契約：　労働者が労働組合に加入しないこと，または労働組合から脱退することを雇用の条件にすること。

団体交渉の拒否：正当な理由がなく団体交渉を拒否すること。使用者には団体交渉応諾義務がある。

支配介入・経費援助：労働組合の結成・運営に対する支配介入や経費援助。ただし，最小限の広さの組合事務所の提供などは，経費援助に当たらないとされている。

ショップ制
　ある企業や工場の従業員たる地位の獲得・維持と，特定の労働組合資格の有無との関係
　オープン・ショップ制：従業員の地位獲得と組合員資格の有無は無関係
　ユニオン・ショップ制：従業員としての地位を保つためには組合員でなければならない
　　　　　　　　　　　使用者は組合からの離脱者，除名者を解雇する義務を負う

8-6. 労使は"対立しつつ調和"を図る関係

　経営においてきわめて重要な問題の一つに労使関係がある。この労使関係がこじれてうまくいかないということでは，企業の発展は阻害されるし，場合によっては，企業そのものをつぶしてしまうことにもなりかねない。反対に，労使の間が円滑にいっているところは，おおむね経営の成果があがっている。だから，経営者にとって労働組合にどのように対処し，いかにして良好な関係を生み出していくかということは，まことに大切な問題である。

　もともと労働組合というものは，欧米において資本主義の初期に，いわゆる資本家の専制に対して，労働者の地位と福祉を守り高めるために生まれたものである。そして，そうした労働組合の活動によって，労働者の生活，ひいては国民全体の生活も向上し，それにつれて社会全体も発展してきたのである。もし，全く労働組合というものがなく，労働者の立場を誰も代弁しなかったら，いかに経営者が配慮しても，やはりともすれば専制的な姿に陥ってしまうだろう。労働者の生活，福祉もこれほどまでには高まらず，今日の社会の発展も生まれてこなかったとも考えられる。

　このような労働組合に対する基本の認識をもって考えるならば，会社と労働組合とは常に"対立しつつ調和していく"ことが大切である。

　労使というものは，いわば"車の両輪"のようなものである。一方が大きく他方が小さいということでは円滑に前に進んでいきにくいといえる。やは

り両方の輪が同じ大きさでなくてはならない。力の等しい労使が互に対立しつつ協調していくことによって，好ましい労使関係が生まれ，会社も発展し，従業員の福祉も高まっていくのである。[2]

注
1　勤労者の団結する権利および団体交渉その他団体行動する権利は，これを保障する。
2　松下幸之助『実践経営哲学』PHP 研究所，1978, pp.88-93。

演習問題
1．日本における労働組合の結成率が 20％を割っています。具体的にどのようなことか説明してください。
2．労使関係を"車の両輪"というが，どのようなことか説明してください。
3．労働組合が存在する会社において，一人の組合員（労働者）が，たびたび組合の指示命令に従わなかった結果，組合員を除名され，同時に会社を解雇になった。どのような制度によるものでしょうか。
　　（答：　　　　　　　　制）

第9章
人材育成と教育訓練

> **Summary**
> 　日本的経営の特徴として終身雇用，年功序列，企業別組合について学習した。この日本的経営の特徴は，時代の変化に従って変わろうとしているが，人を雇用して育てるという基本は多くの企業において維持されている。人材を育成する手段として教育訓練がある。上司の「部下の成長を期待する」心と，部下の「みずからを高めよう」との意欲の合致があって教育の効果は現れるのである。教育にかかる費用はコストではあるが，意欲を持った社員が，教育によって成長するならば投資と考えることができる。日本企業における教育の方法は，自己啓発に始まり，OJT，off-JTの3つが挙げられる。企業にとって有用な人材を育てることによって，個々人が成長し，新製品開発，売上向上などに貢献することができる。企業全体の業績向上が，個々人の働きがい，満足にもつながることが実現できて教育の効果が上がったといえるのである。

9-1. 人材育成の目的

　人材の資源としての特徴は，成長，発展することである。昨日よりも今日，今日よりも明日に向けて常に向上し続ける存在と捉えよう。人的資源とは常に可能性を秘めた資源である。この人材の成長，発展を促す組織としての行為が人材育成である。人材開発とも言える。

　新規に採用した従業員を，教育訓練によって業務に必要な知識・スキルを

修得させる。そのために企業は膨大なコストをかけている。将来の経営を担う人材だからである。巷では「七五三退社」と言われるように，従業員の3年以内の退社率は，中卒が7割，高卒が5割，大卒が3割と言われている。中卒，高卒が減少傾向にあるなかで，大卒の定着率が下がってきている。就職におけるミスマッチ，企業経営自体の減速化による，指導教育不足など種々の原因が考えられるが，企業にとって，次代を担う人材の確保，将来に向けた教育訓練を怠ることは，リテンション[1]の面からもマイナスである。

下図は会社と従業員の関係を図式化したものであるが，教育訓練は，企業理念等の会社の考え方，方針を理解納得した上で，個々人が能力を発揮できる環境をつくることである。まさに人材育成の目的は，企業で働くことが人生の生きがいとも言える状況に従業員を導くことである。

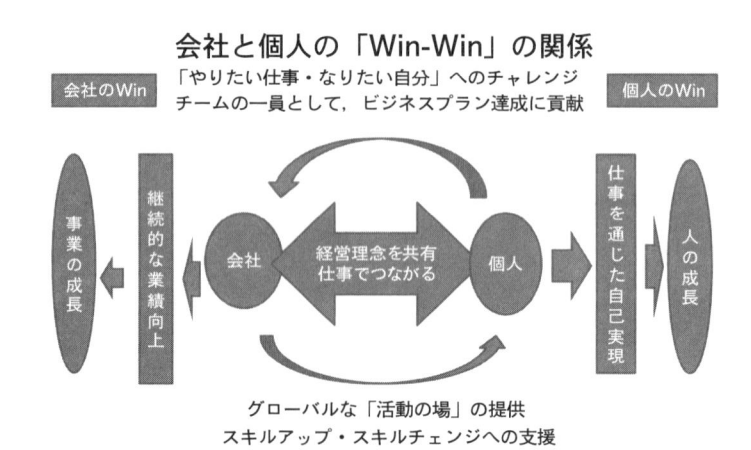

会社と個人の「Win-Win」の関係

会社のWin　「やりたい仕事・なりたい自分」へのチャレンジ
　　　　　　チームの一員として，ビジネスプラン達成に貢献　　個人のWin

事業の成長 ← 継続的な業績向上 ← 会社 ⇄ 経営理念を共有 仕事でつながる ⇄ 個人 → 仕事を通じた自己実現 → 人の成長

グローバルな「活動の場」の提供
スキルアップ・スキルチェンジへの支援

9-2. 教育訓練の方法

(1) 自己啓発（SD: Self Deveropment）

人を育て向上させる真の力は，その人自身の中から芽生えてくる，みずから育てたい，高めたいとする意欲と願望である。すなわち，自己啓発に対す

る意志と努力がすべての原点になる。
　教育は人事部門の大事な仕事で，従業員自らが「能力開発」目標を決めることから始まるが，教育訓練計画の策定に基づく様々な支援（資金的な支援，時間的な支援，場所的な支援）も重要である。

(2)　OJT: on the Job Training
　毎日の仕事を通じて鍛え，育てることが最も確実な人材育成の方法である。上司は部下育成の責任者として，みずから模範を示して感化を与えるとともに，強い要望と適時・適切な指導・助言を与え，部下みずからが経験や体験を積み重ねながら，さらに高い目標に挑戦できるよう育てていくことが基本である。

【OJTのメリット】
① 職務を通じて訓練が行われるため時間的にもコスト的にも効率的
② 仕事に直接役立つ実践的な知識や技能が習得できるため上司も部下も張り合いが出る
③ 文書などで客観的に表現できない知識・技能を教育できる
④ 部下一人に対して行われる方法なので能力・個性や仕事の必要性に合わせた個別的な教育ができる。

【OJTのデメリット】
① 訓練効果が上司の部下育成の能力や熱心さに左右される
② 上司が日常業務の対応に追われると部下を育成する余裕がなくなる。
③ 訓練効果が部下の態度や意欲に左右される

(3)　Off- JT: off the Job Training
　自己啓発とOJTを補完し，人材育成をより効果的に推進するためにoff-JT（集合教育）が行われている。Off-JTは，より一層幅広い視野から体系的な学習や，理論的理解，同じ目標を有した者同士の相互啓発などを主な狙いとして実施している。Off-JTは，全社共通で推進するものと事業場で推進するものなどがあるが，勤務中に業務を離れて，外部機関の研修会などに

参加することも含まれる。

【Off-JT のメリット】
① 特定の階層，職種，部門に共通する知識や技能を，多くの人に同時に教育することができる。
② 社内外の専門家から，日常業務では習得できない知識や情報を得ることができる。
③ 部門を超えて，同じ入社年，職種，あるいは職位などの社員が集まり，情報や経験を交換し交流を深める機会でもあり，そこで形成された人間関係が仕事に役立つ。

【Off-JT の体系】
① 組織を横割りにした，経営者から新入社員に至るまでの階層ごとに行われる階層別研修。
② 職種や部門を超えて，当該の階層に属する従業員に共通して求められる知識・能力を訓練する。新入社員教育，監督者教育，管理者教育など。
③ 組織を縦割りにした，営業，生産，研究開発などの各職能に必要な専門的能力を教育する専門研修。
④ 課題別研修：企業にとって特定の課題に関連した知識・能力を訓練するための，部門や職種を超えて組織を横割りにした研修。国際化教育，能力再開発研修，コンピュータ教育など。

【自己啓発, OJT, off-JT の特徴と比較】 [2]

	自己啓発	OJT	Off-JT
学習内容	・教材を用いて体系的な学習ができる。 ・自学なので得られる知識は学習者に大きく依存 ・自分で学習内容を選ぶため、OJT 程ではないが off-JT より個別ニーズに合った内容を学習できる	・仕事に直結 ・直接指導でしか伝達しにくい暗黙知も可能。 ・体系的な知識は得にくい ・指導者や学習者次第で内容に大きな差がでる。	・一度に大勢に対して同じ内容の学習を提供できるため、指導者によって、学習内容が左右されない。 ・体系的、個別的な対応には向かない。 ・形式知の伝達に効果がある。
実施のタイミング	時間がある時、又は自分のペースや計画に合わせて	必要性があるたびに随時できる。	企業のスケジュールに合わせて
指導者	通信教育などの教材。語学教室の先生。	主として職場の上司や先輩。	企業内でその分野に精通した人又は外部の専門家。
学習場所	主に自宅、通勤中なども可能。地域のスクール。	主に職場。	職場を離れた場所、研修機関など
効果の即効性	業務に関連する内容であれば即効性がある。	・すぐに実践することが可能。 ・結果から得られるフィードバックも早い。	・学習した知識を実践するまでに時間がかかる。 ・使わず仕舞いになることもある。

(つづく)

| 金銭的コスト | 受講者に行う金銭的支援 | 特別な追加費用は発生しない（業務そのもの） | 講師謝礼，研修会場のレンタル費用，教材費，研修担当者の人件費など多くの費用がかかるが，受講料を取るやり方もある。 |
| 金銭以外のコスト | 情報提供の仕組み，掲示など | 教える側の時間とエネルギー | 学習者が職場を離れることによる機会損失。 |

【コラム：5Sの意味】

- 整理…必要な物と不要な物を区別し，不要な物を処分すること。職場には必要な物以外は，一切置かない。
- 整頓…必要な物が誰にでも，すぐに取り出せる状態にしておくこと。探すムダを省く。
- 清掃…ゴミなし，ヨゴレなしの状態にすること。職場も設備備もピカピカに磨き上げる。
- 清潔…整理・整頓・清掃を徹底すること。この3つを実行することにより，清潔な職場環境を保つことができる。
- 躾……決められたことを，決められたとおり正しく実行できるように習慣づけること。作業は決めた基準どおりに実行する。

注
1 人材マネジメント用語で，企業にとって必要な人材を維持確保するための施策。
2 安藤安江『コア・テキスト人的資源管理』新世社，2008，p.126を援用。

演習問題

下記の教育訓練は自己啓発, OJT, off-JT のどれに該当するか, 該当するところに〇をつけてください

		自己啓発	OJT	Off-JT
1	上司と一緒に得意先回りをして交渉の仕方を教わった			
2	終業後, 街の英語学校に通う			
3	講堂で開催されるセクハラ防止についての話を聞きに行った			
4	人事部内で人事部長から人事方針についての話を聞いた			
5	新管理者向け人評価者研修に営業担当として参加した			

第10章
多様性の時代の人的資源管理

> **Summary**
>
> 21世紀に企業が目指す方向としてはダイバーシティ・マネジメントが期待されている。多様性経営と言う意味だが，年齢，性，人種，国籍，身体的状況，ライフスタイルなどを異にする人々が，それぞれの能力や適性に応じて経営に参加できる組織を目指すものである。市場を構成する人々が，企業や組織の中で活躍できない要因を取り除いていくことである。ジェンダー・フリーの実現のためのポジティブ・アクション，ライフスタイルにあった働き方を追求するワーク・ライフ・バランス，ファミリー・フレンドリーなどの政策が求められる。
>
> 　総人口が減少に転じたわが国においては，高齢労働者の活用，外国人労働者への門戸開放なども必要不可欠な時代を迎えている。

10-1. ディーセント・ワーク

　ディーセント・ワークとは「安心して働くことができる仕事」のことで，ILO（国際労働機構）が労働における地球的課題として，子供，環境，人口，人権，社会開発，女性，年齢，障害等の問題を挙げている。仕事に関する考え方として，働く人々と家族が健康で安全な生活を送ることができ，子どもたちが学校に行き，安心した老後が送れる社会。適正な収入が得られることはもとよりのこと，働く人々の権利が守られ，社会的対話に参加できる社会の実現を目指そうとしている。キーワードは，権利，職（雇用），保

護・保障，対話，男女平等・ジェンダーなどである。

【ILO の戦略目標】
① 働く人々の権利と児童労働に関する目標
　　　中核的労働基準　　結社の自由及び団体交渉権の確認，
　　　　　　　　　　　　強制労働の廃止，
　　　　　　　　　　　　児童労働の撤廃，
　　　　　　　　　　　　雇用平等の確保，
　　　児童労働の廃止　　15 歳未満の労働を禁止する条約
　　　（ILO 条約第 138 条）

　　　最悪の児童労働とは：売（買）春，ポルノ，人身売買，
　　　　　　　　　　　　　奴隷のように働かせる労働，
　　　　　　　　　　　　　危険有害業務，
　　　　　　　　　　　　　犯罪や麻薬取引に使われること。
② 職（雇用）と所得に関する目標
　　　適正な賃金，
　　　職業選択の拡大，
　　　技術の習得，
　　　女性や社会的弱者の雇用需要の拡大，
　　　雇用サービスの充実
③ 保護の目標
　　　社会的保護と社会保障の強化
　　　福祉国家とは言いながら様々な圧力が働くことを阻害している
　　　　　　高い失業率，
　　　　　　高齢化，
　　　　　　女性が長の家族の増加，
　　　　　　貧困の増加，
　　　　　　労働移動の増加，
　　　　　　エイズ問題

102　第10章　多様性の時代の人的資源管理

◆CSR（企業の社会的責任）からも　ディーセント・ワークは経営の重要な課題

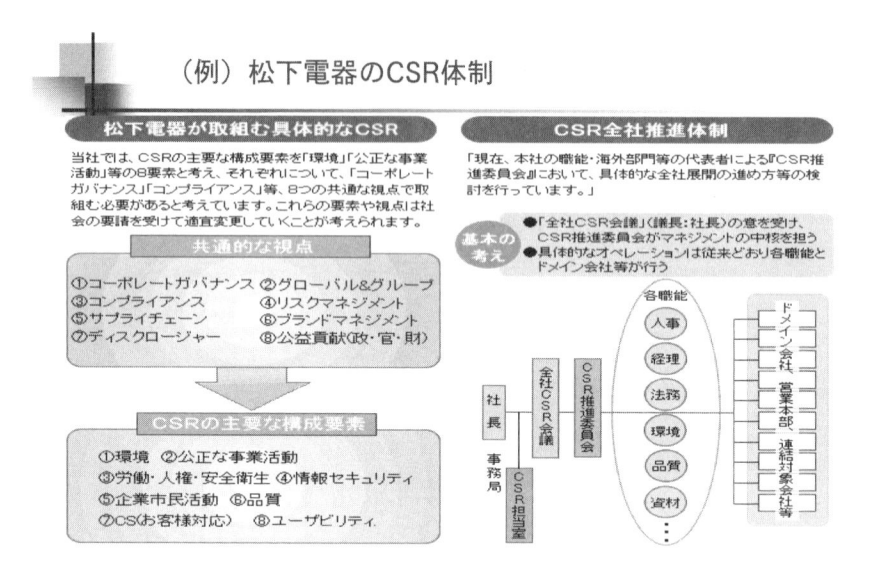

（例）松下電器のCSR体制

10-2. 男女雇用機会均等法

<歴史>

◆1972年に「勤労婦人福祉法」という法律が施行され，これが現在の男女雇用機会均等法の前身にあたる法律。
◆その後の歴史は，1985年，「雇用の分野における男女の均等な機会及び待遇の確保等女子労働者の福祉の増進に関する法律」として改正されて，翌1986年に施行された。
◆さらにその後，1997年に改正され，1999年4月1日に施行されている。この改正男女雇用機会均等法により，完全ではないけれど，雇用における男女差別がかなり改善された。
◆直近の歴史として，2006年改正，2007年4月1日施行の改正男女雇用機会均等法がある。この法律では，女性差別だけでなく，男性を差別するこ

とも禁止され，その他多くの内容がより実効のある形に改正された．罰則規定も初めて盛り込まれた．

＜男女雇用機会均等法のポイント＞
 1．性別による差別の禁止：採用，配置，昇進，降格，教育訓練，，福利厚生，退職の勧奨，定年，労働契約の更新
 2．妊娠・出産等を理由とする不利益扱いの禁止
 3．セクシャルハラスメント対策
 4．母性保護管理措置
 5．ポジティブ・アクションに対する国の援助

ポジティブ・アクションとは
　「雇用管理における男女の機会および処遇の均等確保に積極的に取り組み，女性の能力発揮を促進し，その能力を活用できる条件整備を行う」
 ① 雇用管理における男女の機会および処遇の均等を阻害している要因を発見し，それを解消する
 ② これまで存在してきた雇用管理における男女の機会および処遇の違いに起因する女性の能力活用の遅れを解消する

ポジティブ・アクションがめざすこと
　企業の人材活用を性別ではなく，従業員個々人の能力や適性，さらには希望に応じて行うことであり，性別管理を廃止し個別管理を実現する．

ポジティブ・アクション　5つの視点
 ① 性別を排した募集・採用
 ② 男女が配置されている業務に偏りがないようにする
 ③ 昇進，昇格における男女の機会均等を実現し，女性の昇進，昇格の実態を男女で比較する
 ④ 生活と仕事の両立支援策の導入の充実

⑤　経営トップ，管理職，男性従業員の意識改革

ポジティブ・アクションへの取り組み方法
① トップの理解と関与
② 社内のコンセンサス作り
③ ポジティブ・アクションの実施部門の明確化と権限付与が必要

10-3. ファミリー・フレンドリー施策

　ファミリー・フレンドリー政策とは，従業員が子育てや介護など，生活の中で直面する様々な課題に関して，仕事をしながら安心して取り組めるように，「家庭生活と仕事の両立を可能にする仕組みや働き方」を提供するものである。社会背景としては，従業員の就業観やライフスタイルの変化がある。

　従来の日本社会は，男性は定年まで勤務するが，女性は結婚すると専業主婦になる。男性は仕事中心で，妻には家庭の責任をすべて任せる，という社会通念があったが，21世紀の現代においては，結婚，出産後も仕事を続ける女性が増えてきた。共働きの家庭が増え，妻がフルタイムの仕事を持つ家庭も増加してきた。その結果，育児や介護など家庭内の責任のすべてを妻に任せることができなくなってきたのである。"育メン"と言われる仕事と家庭の両方を大事にしたい男性も増えてきている。

　欧米社会は，日本よりも早い段階でファミリー・フレンドリー施策が展開されてきた。以下はアメリカの事例である。

　　　第一段階：女性が対象で，育児支援が主，家庭に関わる問題は基本的に
　　　　　　　 個人の問題
　　　第二段階：生活と仕事の両立支援が人事管理上の課題となる。介護の問
　　　　　　　 題も起こってくる
　　　第三段階：両立支援が企業の競争力を支える課題となる
　育児，介護，生活上の様々な問題，多様な人種，世代のライフスタイルの

違いなどを総合的に人的資源管理に反映させる政策がダイバーシティ・マネジメントの課題である。日本の場合は，男女雇用機会均等法の制定により，上記の第二段階に入っているが，全体の意識としては，欧米よりも遅れている。

【多様なファミリー・フレンドリー施策の内容】
　　休業（育児，介護など）
　　短時間勤務制度
　　フレックスタイム制度
　　ジョブ・シェアリング
　　事業所内託児施設
　　在宅勤務

【ファミリー・フレンドリー施策の課題】
1. 育児・介護休業法の施行に対応するため，受動的，消極的な導入企業が多い
2. 男女の役割分業意識が根強く残っている
3. 男性の働き方が変わらない，女性の職域拡大が見込めない
4. 休業に重点が置かれ，短時間勤務など生活上の課題と仕事の両立に柔軟に対応できる仕組みが不十分
5. 施策の利用率が低い，利用のノウハウが徹底されていない
6. 人事制度全体の中での見直しが遅れている

ファミリー・フレンドリー（FF）施策と雇用機会均等施策との関係

		雇用機会均等施策の充実度	
		高い	低い
FF施策の充実度	高い	・女性の定着率が高い ・男女の職域分離がない ・既婚者や子供を持った女性が多い ・既婚者や子供を持った管理職が多い	・女性の定着率が高い ・男女の職域が異なる ・既婚者や子供を持った女性が多い ・女性管理職が少ない
	低い	・女性の定着率が低い ・男女の職域分離がない ・既婚者や子供を持った女性が少ない ・女性管理職は多いが未婚者が多い	・女性の定着率が低い ・男女の職域が異なる ・既婚者や子供を持った女性が少ない ・女性管理職が少ない

【育児休業制度の特徴】
1. 育児休業制度とは，子供を養育するために従業員が休業することを企業が認める制度。
2. 親が子供を直接育てることを可能にし，かつ雇用の継続が保証される。
3. 育児を担いながら雇用の継続が保証されることに休業の意味がある。
4. また，雇用の継続だけでなくキャリアの継続も可能にする仕組み
5. さらに，休業前までに行った従業員に対する教育訓練投資の回収を可能にする
6. 従業員が蓄積した技能や知識を退職によって失うことが回避できる。

【法定の育児休業制度】

　1986年施行の男女雇用機会均等法では，育児休業制度は努力義務としていた。

　1992年4月1日に育児休業法（後に育児・介護休業法））が施行。
　　　　　育児休業は男女労働者の権利として認められることとなった。
① 男女労働者は，子供が一歳に達するまでの間の休業を希望する期間を特定して事業主に申し出ることにより，子供を養育するために休業することができる。
② 事業主は，3歳に満たない子供を養育する労働者で育児休業しないものに関し，短時間勤務，フレックスタイム制，始業・終業時間の繰り上げ・繰り下げ，所定外労働をさせない制度，育児施設の設置運営，その他これに準じる便宜供与のいずれかを講ずる義務がある。さらに，3歳以上小学校就学前までの子供を養育する労働者に対しては，同内容について事業主の努力義務とされている。
③ 事業主は，小学校就学前の子供の看護のための休暇制度を導入する努力義務がある
④ 事業主は，育児休業の申し出や休業後の再就業が円滑に行われるように，労働者の配置などの雇用管理や休業期間中の労働者の能力開発・向上について必要な措置を講ずるように努力しなくてはならない。休業後は原則として現職ないし現職相当職へ復帰させることに配慮する必要がある。
⑤ 事業主は，労働者を転勤させようとする場合，その育児の状況に配慮しなければならない
⑥ 小学校入学前の子供を養育する労働者は，1ヵ月当たり24時間，1年当たり150時間を超える時間外労働の免除を請求できる
⑦ 小学校就学前の子供を養育する労働者が，その子供を養育するために請求した場合，事業主は，深夜（午後10時から午前5時）において労働させてはならない

⑧ 育児休業の申し出や取得を理由とする解雇その他の不利益な扱いをすることを禁止する

育児休業中は，賃金の支払いはなく無休である。ただし，育児休業中の社会保険（健康保険と厚生年金保険）の保険料は，会社負担と本人負担分の両者が免除される。また，雇用保険被保険者が育児休業を取得した場合は，休業前賃金の40％に相当する額の育児休業に関わる給付金が雇用保険から支給される。

【事例】パナソニックグループのダイバーシティ・マネジメント

　パナソニックグループの経営の基本の考え方である"衆知を集めた全員経営"は，まさに多様な人が入り交じり個性を発揮してひとつの方向に向かうダイバーシティ・マネジメントそのものと言える。異文化経営という視点で考えると，世界に広がるパナソニックグループの経営は，馬越が定義する「ひとつの均質な属性（国籍，文化的背景，言語）ではなく，他民族，多国籍，多言語，多文化の人々が構成する企業を経営しビジネスを行うことであり，また，この異なる価値観，慣れ親しんだものとは違う価値観があることを認め，自分の価値観と相矛盾すると思われる価値観を認知し，尊重し，自分の価値観と異なる価値観を創造的に融合して，新たな価値観を生み出し，相乗効果を生み出すシステム」と共通している。本事例では，所謂ダイバーシティ・マネジメントという新しい経営手法がパナソニックグループに取り入れられ，定着する背景には，このタームが経営学の世界のテクニカルタームとして普及する以前から，その素地が存在し，むしろ，異なった文化・習慣・慣習を受け入れ，尊重して経営してきた経営者の魂，経営思想があったからと考えるのである。その原点は，時代を超えて通用する経営理念の存在なのである。

1. はじめに経営理念ありき

　パナソニック株式会社（2008年10月1日付けで松下電器産業を社名変更，以降パナソニックで表現）は，1917年（大正7年）の創業であるが，事業拡大が進んだ11年目の1929年（昭和4年）になって，会社の経営理念と社員の心得を策定し，綱領・信条として，広く全従業員に知らしめたのである。

> 　　　　綱　　領
> 産業人たるの本分に徹し，
> 社会生活の改善と向上を図り，
> 世界文化の進展に寄与せんことを期す
> 　　　　信　　条
> 向上発展は　各員の和親協力を得るにあらざれば得難し　各員至誠を旨とし　一致団結　社務に服すること

　この綱領は，松下電器（歴史を語るため敢えて旧社名を使う）の事業の目的と，その存在の真の理由を示したものであり，あらゆる経営活動の目標として会社の進路を決定する考え方である。経営基本方針で，所謂，社是，社訓，経営理念に相当するものである。綱領は，松下電器における経営活動の根本指針であり，具体的な業務（各職能分野，たとえば製造，技術，営業，人事，経理，資材購買など）遂行上の方針も，ひとしくこの綱領という経営基本方針を根幹として生まれ，綱領の精神をもとにして打ち立てられているのである。従業員は，いつの場合においても，経営基本方針をもとにして，すべての行動を行わなければならないことはもとより，それぞれの職能において，これらの経営基本方針をよく理解し，日常業務を遂行するうえの指針とすることが大切なのである。

　松下電器の創業者松下幸之助は，創業11年目にして，はじめて，こ

の三行の経営理念を確立し公にしたのである。企業は「社会の公器」であるという思想も，事業の拡大につれて行きついた松下幸之助なりの経営哲学なのである。事業機会を社会からの預かりものと解釈し，従業員も"それぞれのご家庭からお預かりしている"と考えたのである。預かった社員が働くことによって，オーナー企業にありがちな専制的な個人企業を目指すのではなく「社会生活の改善と向上」「世界文化の進展に寄与」という文言を掲げたのである。世界を視野に入れた経営理念は，製品を通じての世界貢献だけでなく，当然，世界に発展していく事業場に働くであろう従業員を視野に入れていたのである。昭和10年代になると，中国大陸（奉天，満州，天津，上海，北京など），朝鮮半島（京城，平壌など），台湾への進出，国内においては，新規事業分野への拡大，専門技術の強化を目的に乾電池，冷凍機，空調，電球などの専門地場産業とのM&Aを積極的に行っていったのである。

　昭和11年3月に業務提携先の朝日乾電池から松下電器の社員として迎えられた高橋荒太郎（大番頭と評され，松下幸之助の右腕として経営に貢献した副社長で後に会長，顧問に就任）は，松下幸之助の強い要請を受け25歳で途中入社を決意するが，そのきっかけとなった思いは「企業にはその目的を明示する基本理念があることを知った」ということで，自伝の中で次のように語っている。

　「松下電器にお世話になって，まず感銘を受けたことが二つあった。一つは，松下電器には松下幸之助相談役の経営理念が明確に示され，それに基づいた経営の基本方針が確立しているということ，もう一つは，人を大切に育てているということである」[1]

　これは一つの例であるが，経営理念を確立した松下電器は，世界のどこへ行っても，この三行の経営理念を掲げて事業を始めたのである。当然，異文化との遭遇があり，異なる社会習慣・宗教との出会いもあったが，この精神はそれぞれの出先において賛同を得，正しい経営理念として受け入れられ，今日においても，パナソニックの経営基本方針はこの三行だけなのである。

地球の人口は概ね男と女がバランスよく構成されているといえよう。社会生活を営む者は男と女で構成されている。世界文化の構成員も同様と言えよう。家庭における家事を考えると，古い時代は，男は外へ猟に出かけ，女は家庭にあって子育てというように分業が習慣となっていた。やがて，農業の発達により土地に定着する村落共同体が形成されると職住一体の傾向が強くなった。そして，17世紀に英国で始まったとされる産業革命によって，家庭本位の労働形態が，工場に出かけていくことにより職住が分離し，男と女の労働形態は，考えようによっては狩猟を主とした石器時代と同じように，稼ぎに行く男と，家を守り，子育てに専念する女という分業の時代に逆戻りするのである。さらに時代は変化し，近代化が進行すると雇用形態にも多様化の波が押し寄せることになるのである。わが国において，働く現場における男女のあり方が大きく変化したのは，1985年（昭和60年）に制定され，翌1986年4月1日に施行された男女雇用機会均等法で，この時，「募集・採用，配置・昇進について女性を男性と均等に取り扱う努力義務」「教育訓練，福利厚生，定年・退職及び解雇について，女性であることを理由とした差別禁止」が義務づけられてからである。企業に働く男女を平等に処遇する政府の政策が法律として施行されると，企業においても雇用政策に変化が起こっていくのである。

　松下電器は，創業11年目に確立した経営基本方針の精神をベースに，変化する時代に適用すべく運用を図ってきた。例えば，昭和44年7月に業界に先駆けて導入を始めた「仕事別賃金制度」は，仕事によって賃金を決める近代的な制度であり，そこに男女による賃金差別の思想は存在していなかった。組織運営上，ポストに就けるときに男性優先という日本社会の文化を引き継いできたことは事実だが，男女雇用機会均等法の制定を機に，賃金制度を変えなければならないことはなかった。それは，根本にユニバーサルという，"いつでも，どこでも，誰にでも"という普遍的な思想があったから可能になったのである。その後の労使の取り組みの中から，特に女性の戦力化・活性化に対する取り組みを紹介する。

2．女性の戦力化・活性化に向けての取り組み

　労使関係を説明する言葉として"対立と調和"と"車の両輪"は有名である。労働者の権利を主張することによって労使は対立関係となり，協議，団体交渉，時には争議に突入するが，やがて妥協点を見出して調和に落ち着くものである。また，労使の目指す経営の方向は，議論があっても，目標に向かって力強く前進するためには同じ車輪の幅であることが好ましいという対等の関係を象徴する表現である。

　松下電器は，日本に労働組合が存在する以前から，従業員の福祉の増進と親睦の機関として"歩一会"が組織されていた。1920年（大正9年）3月の設立で"全員が歩みを一にし，また一歩一歩踏みしめて着実に進んで行こう"という目的の社員会であった。第二次世界大戦の敗戦により，日本はGHQ（連合国最高司令部）の支配下となり，最高司令官マッカーサー元帥からの5大改革指令（婦人解放，労働運動の助成，教育の自由化・民主化，秘密的弾圧機構の禁止，経済機構の民主化）が出るに及んで，民主化のための改革が始まり，労働組合結成の動きが公然化し，活気づいたのである。

　1946年1月30日，大阪中之島中央公会堂において松下電器労働組合の結成大会が開催された。この時に，組合側としては予期せぬことが起こったのである。社長である松下幸之助が祝辞を述べにやってきたのである。一瞬戸惑った議場であったが議長の機転で社長を招き入れることにしたのである。

松下電器労働組合結成大会における松下幸之助社長の祝辞[2]

　「(前略)…終戦と同時に，私は新生日本の建設を考え，わが社にも新しい経営が生まれなければならないと考えたのであります。だから私は，労働組合が誕生しておらなかったときから，民主主義の線に沿って経営していく方針をもってやってきたのである。

　幸い，今日ここに松下電器労働組合が結成されたことは，その意

味において慶賀にたえないのであります。このことによって，わが社の経営に拍車がかけられると信ずるのであります。これを期して，全員一致して，真理に立脚した経営をおこなって参りたいと思います。今皆さんの会社に対する要求，要望，理想をきいていて，まことに力強く感じたのであります。正しく新しい経営と，皆さんの考える組合とは，必ずや一致すると信ずるのであります。

　私は，もっと純正なる考えにおいて新しい経営をおこなう考えであります。もし私の力が及ばないときは，皆さんの協力を得て，新日本の建設に邁進したいと思います。

　本日の結成大会にあたって，心からお祝いを申し上げる次第であります」

　議場には社長の入場に批判的だった組合員もいたが割れるような拍手が起こった。来賓で参加していた社会党の加藤勘十議員からは「組合結成に社長が挨拶に来るとは珍しい。またそれを受けた組合も数少ない」と感嘆の声が上がったのである。

　結成大会に創業者の祝辞を受け入れた松下電器と労働組合は，その後の日本の労働界に先駆的な役割を果たすことになるのである。以下は，労使の歴史の中で女性の戦力化・活性化に対する取り組みについて，労働組合の資料の中から紹介することにする。労使関係においては，その時々の政府の労働政策を見据えながら，テーマごとに労使メンバーで構成される専門委員会が設けられ，議論の結果は答申書として経営側に提出される。経営側は人事規程，就業規則などを改訂するヒントとして活用し，労働組合とは労働協約を締結することになるのである。

3-1. 女性の戦力化・活性化に関する答申書[3]

　　　　　　　　　　　（人事制度研究委員会，1990 年 3 月 22 日）

◆人事制度研究委員会では 1987 年 10 月以降，女子従業員の戦力化・活性化に関して女性活性化部会を設置し，その具体的方策について検討

を重ねてまいりました。その結果，以下の通り意見の一致を見ましたので答申いたします。

(1) 情勢認識

従来，わが国における女性の役割は「家庭を守り，次代を担う健全な子供たちの育成を図ることである」ということが一般的な考え方であった。その結果，女性の就業期間も，学校を卒業してから結婚して家庭に入るまでの比較的短い間，というのが一般的である，企業の労務管理諸施策もそのことを前提にして構築されてきた。その中で女性に対する業務の考え方も，短期間の就業ということを前提に，補助的なものが中心にならざるを得なかったのである。しかし，今日，状況は大きく変化しつつある。

第一に，女性の意識の多様化である。女性の高学歴化の進展，生活水準向上のための世帯としての収入先の多様化，また，家庭電化製品の普及による家事労働からの解放，さらには出産数の減少ということも相まって，社会進出意欲を持つ女性の比率が高まっている。その結果，いまや雇用者の中に占める女性の比率は約37％に達し，また，有夫の女性はこのうち50％を超えるに至っている。そして，女性の意識は大きく分類すると

① 生涯を通じ職業を持ち続けることを希望する人
② 一旦家庭に入り育児を終えた段階で再び就業を希望する人
③ 家庭に入ることを希望する人

となるが，①を希望する人が増加しつつあると同時に，今後も増加していくことが確実視される状況となっている。わが社においても，全従業員の中に占める女性の割合こそ約2割で大きな変化はないものの，その中における10年以上の勤務者の割合は，徐々に増加してきている。

第二に，人口構造の変化である。わが国の人口構造は大きく変化しつつある。即ち，今後65歳以上の高年齢者が急速に増加し，反面，若年層の増加が見込めないということである。既に人不足が，一部で深刻な様相を呈し始めていることは周知のとおりである。わが国として高年齢

者及び女性の活用はもはや避けることのできない課題となりつつあり，行政も1986年には「男女雇用機会均等法」「60歳定年制法」を制定し，そのための環境整備に努めている。

　第三に，業務内容の変化である。高度情報化社会の到来や技術革新の進展に伴い，個々人の業務内容の高度化が進んでいる。その結果，短期の教育のみで対応し得る業務は減少しつつあり，より長期的な視点からの人材育成が必要な業務が増加してきている。企業にとって人材育成は，極めて重要な先行投資であり，常にその積極的な推進および効率化を図っていかなくてはならない。その面でも短期雇用を前提とした施策展開では限界が生じてきており，時代のニーズにマッチした対応が求められている。

　以上が女性の戦力化・活性化を検討するに当たっての当委員会の情勢認識である。

(2) 検討の視点

　前述の情勢認識に基づき，当委員会は次の二つの視点から検討を加えてきた。

① 女性の一層の戦力化を図るにはどのような施策が有効か，
② 女性の意識の多様化に対応し，それぞれの意識に合わせて活き活きと働き続ける環境を構築するためにはどのような施策が有効か，

という視点である。そして，その中から具体的な検討項目として浮かび上がってきたのが，女性活性化部会議事録（1989年9月30日付）で提起した

① 能力開発のための諸施策
・職務知識および技能の開発・向上のための施策の検討
・チャレンジ心の喚起およびそれに応え得る施策の検討
② 母性保護諸制度のあり方
・現行母性保護諸制度をベースとしつつ，妊産婦の個人ごとのニーズに対応し得る施策の検討

・新たな雇用形態も含め，再就職制度の充実や育児休職制度の在り方等，出産後一定期間を経て，職場復帰し得る施策の検討

ということであった。

以下，その具体策について詳述する。

◆女子従業員の戦力化・活性化に関する具体策

1．能力開発のための諸施策

「能力開発」で留意しなければならないのは，わが社においては全ての人事諸制度は全従業員の問題として平等な姿で構築されており，単に女子従業員のみの問題に留まらず全従業員の問題として捉えるべき，ということである。従ってこれから提起する諸施策は女子従業員のみならず，全従業員が対象となるものである。

（中略）以上の考えに立って，当委員会では能力開発の面では次の施策を講じることが必要であると考える。

1．全員を対象とする職能別・階層別研修体系を構築する
2．意欲ある女子従業員への対応として当面の間
　・同一仕事グループ3年経過時点での本人意向を確認
　・上司への育成計画の作成を義務づけ
具体的にはチャレンジプランの充実の中で実現を図る
3．女性の働き得る環境の整備という観点から
　・指揮命令者の範囲を原則としてH1（班長）以上とし，そのうち担任は部下がいるかどうかの実態に応じて判断する
　・指揮命令者・専門業務従事者の時間外労働の協定水準については，現在の協定水準を尊重しつつも，必要性に応じ男子の協定水準を目途にその拡大を図る
　・フレックスタイム制勤務に従事する女子従業員の時間外労働の規制枠については必要性に応じ，協定水準の拡大を含めた施行を可能とする

2．母性保護諸制度のあり方

　女性が職業生活を継続する上で，出産・育児は大きな障害となっている。それは
- ① 託児所・保育所等の社会的な施設が不十分であり，本人の就業時間中の育児を担当してくれる人（以下，保育代行者という）を確保することが困難なこと。
- ② 乳幼児を持ちつつ就業を継続することは，保育代行者を確保したとしても夜間授乳等は本人が行わなければならず，一部の女性にとって極めて精神的・肉体的負担が大きな場合があること。

等のためである。

　しかし，情勢認識のところで記述したように，人口構造の変化が進み，就業率を高める必要性が増大していることを考えれば，また，わが国全体として若年層の増加策を講じる必要性も生じてきており，女性の就業を継続しつつ安心して出産・育児を行い得る環境の整備，あるいは一旦家庭に入った労働力を再度活用し得る方策の構築は，企業にとって早晩大きな課題となってくることが想定される。

1．現行母性保護諸制度の柔軟な運用による個人の選択幅の拡大
- ・産前産後休暇16週間（多胎妊娠の場合は20週間）の各人のニーズに基づく個人による設定（但し産後6週間は就業禁止期間）
- ・育児時間の現行制度による取得と休日による取得との選択制の実現

（休日による取得の場合の諸取扱い）
- (1) 26日間とする
- (2) 対象者：育児休業制度を利用しない妊産婦とする
- (3) 取得期間：産後休暇終了時点より乳児が満2歳に達するまで，もしくは次子の産前休暇に入るまでの間とする。

(4) 賃金：有給とする
2．育児休業制度の新設
　・育児休業制度の骨子は次の通りとする
　(1) 出産日より1年間とする
　(2) 給与：無休とする
　(3) 対象者：女子社員とする
3．再就職制度の拡充
　・対象者の範囲に「育児により退職した者」を加える
　・1年間の待機期間を設け，特段の事情が無い限り，その期間内に雇用することとする
　・原則として社員として雇用する

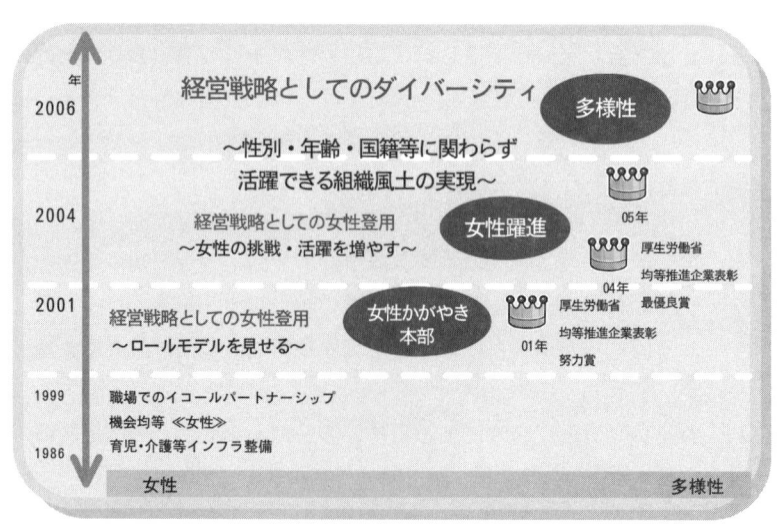

図表　多様性推進活動のマイルストーン（パナソニック社内資料より）

- 2006年　経営戦略としてのダイバーシティ　〜性別・年齢・国籍等に関わらず活躍できる組織風土の実現〜　多様性
- 2004年　経営戦略としての女性登用　〜女性の挑戦・活躍を増やす〜　女性躍進　05年 厚生労働省 均等推進企業表彰
- 2001年　経営戦略としての女性登用　〜ロールモデルを見せる〜　女性かがやき本部　04年 厚生労働省 均等推進企業表彰 最優良賞　01年 努力賞
- 1999年　職場でのイコールパートナーシップ　機会均等《女性》
- 1986年　育児・介護等インフラ整備

女性　→　多様性

e-Workとは

情報・通信技術を駆使した、ユビキタスでフレキシブルな働きかた

自宅で
・仕事と生活の両立
・通勤時間の削減
・業務への集中

モバイルで
・俊敏なお客様対応
・顧客訪問時間・件数増
・移動時間／コストの削減

スポットオフィスで
・シームレスな業務
・待機時間の有効活用
・移動時間／コストの削減

フリーアドレスオフィスで
・柔軟で機動的な組織
・コラボレーション促進
・オフィススペース削減
・ペーパーレス化

図表　e-Work とは（パナソニック社内資料より）

参考文献

松下電器産業創業五十周年記念行事準備委員会（1968）『松下電器五十年の略史』松下電器。
松下電器『社員読本一・経営基本方針』松下電器社内配布。
高橋荒太郎（2008）『語り継ぐ松下経営』PHP研究所。
小宮和之（2004）『松下幸之助が惚れた男』ダイヤモンド社。
石山四郎・小柳道男（1974）『≪求≫松下幸之助回顧録』ダイヤモンド社。
松下電器労働組合結成五十周年記念運動史（1997）『たゆみなき創造Ⅳ』松下電器労働組合。

注

1　高橋荒太郎『語り継ぐ松下経営』ダイヤモンド社，2008，p.23。
2　松下電器労働組合資料「たゆみなき創造Ⅳ」より抜粋。
3　松下電器労働組合資料「たゆみなき創造Ⅳ」より抜粋。

第11章
キャリア志向の時代へ

> **Summary**
>
> 生涯教育と言われるように，人間は生まれた時から教育によって人間形成が行われる。人的資源管理を学んできたが，ヒトが組織化されることで，集団が形成され，その形成された組織を円滑に運営するためにマネジメントの考えが生まれてきた。家庭教育によって生活習慣，やがては民族特有の文化ともいえる国民性などが個性として育まれる。親族以外のものが組織に介入する段階で，人的資源管理の必要性が生まれてくる。人類の歴史的発展から考察することもできるし，動力の発明による産業社会の発展における使用者と労働者の契約による，組織のルールを守るための決め事の必要性と，それを遵守させる体制の維持管理としての人的資源管理の必要性などについて学んできた。
>
> 社会に通用するための学業の修得，企業に入社してからの社員教育，企業で得た知識・スキルを，退職後も活かすための教育など，一生を通じて学ぶ姿勢を生涯教育と言われるようになった。
>
> 最後に，キャリアについて学んでみよう。

11-1. 多様化するキャリア

キャリアと言っても，その意味の範囲はいかようにも広がる。キャリアとは　医学用語としては病原菌やウイルスの感染者，保菌者を意味する。また，古くは国家公務員試験Ⅰ種（上級甲）合格者で，本庁に採用されている

者の俗称として使われ，"キャリア組"などと言われている。一般には職業経歴を指し，企業内，または専門的技能・資格などを通じてキャリアを積むという言い方もある。[1]

今日，多くの大学において，例えば「キャリア支援センター」という組織が存在し，就職指導，企業との交渉などを行う専門的組織となっている。この場合のキャリアとは，学生を実社会に適合できるよう指導する，いわゆる就職活動（就活）を推進・サポートする部門である。

社会一般では，キャリア教育という言葉を巷で聞く機会が多くなったが，専門知識や生きていくためのスキルの獲得，さらには定年後に活かすスキルや資格という意味に拡大してきた。

企業組織に限定すると，入社から定年に至る会社生活で得た知識・経験，または，組織内で昇進昇格して行くときに必要な特定のスキル・技能を指すことが多い。

多様化する個人のキャリアに対する考え方を，竹内[1]は4つに分類している。

キャリア分類	異動の方向	1つの領域（仕事・組織）での滞留期間
階層的キャリア	上方向	非限定的
専門的キャリア	領域内	社会人生活全体
スパイラル・キャリア	横方向	5～10年
変動的キャリア	横方向	2～4年

注：IMDビジネススクールのスザンヌ・デ・ジャナス，ムーリー・ピベルによる「エクゼクティブに対する教育」。
出所：2014年8月，米国経営学会での発表を基に竹内規彦が作成。

竹内は，この類型を日本の状況に当てはめ，次のように説明している。

第1の「階層的キャリア」の考え方は，終身雇用や年功序列が一般的に受け入れられていたバブル経済崩壊ごろまでの日本の企業社会で期待されたもので，ある程度共有度の高いキャリア成功の見方と考えている。

第2の「専門キャリア」は，バブル経済崩壊後の企業において，組織再編

時に強調された考えであった。多くの企業でマネージャー職とスタッフ（専門）職とのコース別人事が導入されたのもこの時期だった。20世紀の変わり目に「新しいキャリア」と言えば，ここでいう専門的キャリアが中心だった。

第3の「スパイラル・キャリア」も，基本的な発想は専門的キャリアとさほど遠くはない。この時代には「T字型人材（T字の縦棒に相当するコアの領域を持ちつつも，横棒に相当するスキルや知識の幅を持つ人材）」という言葉が使われるが，この考え方はスパイラル・キャリアと整合する部分が多い。

第4の「変動的キャリア」は，個人が自身にやりがいや新たな経験の追求を優先し，積極的に仕事領域の変更や転職を繰り返す考え方の持ち主で，現段階では日本にあまり浸透していない。しかしながら，日本でこの考え方を受け入れる心理的な基盤が必ずしもないわけではない。特に長年続いた深刻な経済状況の後に訪れた最近の景気感の回復期において，若年層を中心にこのキャリア観が広まる可能性がある。

このような変化の時代における企業の対応について，竹内は「つまるところ，個人のキャリア観の多様化を尊重しつつ，組織への貢献を引き出す仕組みを考えていく必要がある」といい，具体的には，

(1) 企業は組織が進むべき方向性と求められる人材像を明確にし，社内外に積極的に発信する必要がある。これは，個人が自身のキャリアに合った組織の選択精度を高め，個人と組織との間に生じるキャリア上のミスフィット（不適合）を予防することにつながる。実際に，キャリアの一致が高いと感じる従業員ほど，モチベーションや生産性が高まる点が，最近の研究で確認されている。

(2) 新規参入者（学卒・中途を含む）に対する職場レベルでの対応力強化が求められる。様々なキャリア観を持つ多様な個人が「組織の一員」となるためには，職場の内部者（上司・同僚）の役割が重要であることが最近の研究で数多く報告されている。特に，新規参入者「本人」が，サポートされていると知覚すると，会社の理念や価値観の受け入れが進む

ことが明らかになっている。人心を統合するリーダーの育成が，これまで以上に求められている。[2]

11-2. キャリア支援は時代の要請

梅澤（2007）によると，キャリアの語源はラテン語の carrus（cart），carerera（road），carrier（race, road）だそうだが，馬を駆って，あるいは馬車を引いて道ないしは路を前進する。あるいは競争するという行為を想定してはどうか。この行為が「働く」ということであり，キャリアは，仕事を通じて自分と自分の人生路を運ぶという人間の営為にかかわることと理解される。もう少し具体的な意味は下記の通りである。

1. 他人よりも先に行き，他人に優る成果を上げ，目標を確実に達成する。もっといえば，積極果敢に行動し，障害を乗り越えて力強く前進するという意味合い。
2. 自分自身思う存分にふるまい，自分の成長やスキルの向上を楽しみとし，自分自身の存在と活動それ自体に満足するという意味合い。
3. 自分の価値観に従って自分の運び，人格の涵養に努めることが大切だという意味合い。

さらに梅澤は，大学に要請されていることは，社会へのスムースな移行をサポートすることであるとして，以下の7項目を挙げている。
1. 学生の，学校から社会へのスムーズな移行を促進する。
2. 学生の，生きることと働くことへの気概を鼓舞する。
3. 学生の社会への関心を高め，社会とのかかわり方について啓発する。
4. 学生たちの勤労観を育て，職業意識の確立を支援する。
5. 学生たちのコミュニケーション能力を育て，市民性の涵養を促進する。
6. 学生に，働くことの意義や働き方の実際を会得する機会を提供する。
7. 学生に対して，職業選びの視点や選択の基準について学習の機会を与える。

教員が，講義やゼミなどの教学活動において取り組むべきことがらでもある。職員の場合は，学生のキャリア形成により直結することがらに取組むことが大切である。情報の提供，相談，示唆，指導，機会提供，ガイダンス，カウンセリングなどを行うことである。なかでも学生個々人の人間性や持ち味に関する共感的理解力を育成することは極めて重要である。これらに対応する役割を担うのは，専門教育を受けたキャリアメンターである必要がある。これも時代の要請と言える。[3]

11-3. 企業変革における人事部門の7つの役割[4]

1. ビジネスリーダーや経営者に人材そのもの，人材マネジメントのあり方が優位性であることを理解してもらう
   - 人材マネジメントはビジネスリーダー自身が先ず考えること
   - 事業ビジョンを考えると同じレベル
   - 「人材育成の責任は事業場長にある」
   - 「ものをつくる前に人をつくる」
2. ビジネスリーダーとの対話を通じて，事業ビジョンと組織人材を一体のものとしてイメージする
   - 事業ビジョンと組織人材ビジョンは表裏一体
   - ビジネスリーダーと人事のプロフェッショナルとの対話が大事
3. 自ら専門的知識を活用し，ビジョン実現のための効果的で自主性のある戦略的人材マネジメントを発想する
   - ビジネスリーダーとの対話を通じて，自社らしい事業ビジョンと組織人材ビジョンをイメージする
   - これを実現するために独自性のある具体策を，人事のプロとして専門的知識活用で思いつく
4. 様々な人材マネジメントのフレームやツールについて，歴史的背景や専門的見地からそのポジショニングを理解し，効果的に使い分ける
   - 様々な人材マネジメント（フレーム，ツールなど）の歴史的背景の勉強

5．ビジネスの現場で起きている先端的事象のリアリティーとその人事上の意味合いを理解する
　・第一線での先端的事象のリアリティーの追求，研究
　・中国の優秀な人材の意識など
6．事業ビジョン実現のためにタイムリーに制度を導入し，独自性や戦略性を感じるコミュニケーションを行う
　・説得性あるコミュニケーションを社員全体，マネージャー全体に図っていく
　・一般論でない説得性ある説明を裏表なく行い，愚直に進める
7．目指す人材マネジメント実現のため，ファシリテーターとしてラインを誘導する
　・管理から支援へ
　・積極的にファシリテートし，リードしていく必要がある
　・企業変革を横から支援していく

注
1　広辞苑から引用。
2　日経新聞 2014 年 8 月 15 日　竹内規彦（早稲田大学准教授）。
3　梅澤正『大学におけるキャリア教育のこれから』学文社，2007，pp.17-31。
4　高橋俊介『ヒューマン・リソース・マネジメント』ダイヤモンド社，2004，pp.203-20。

【参考文献】
・安藤史江（2008）『コア・テキスト人的資源管理』新世社
・石山四郎・小柳道男（1974）『≪求≫松下幸之助回顧録』ダイヤモンド社
・梅澤正（2007）『大学における教育のこれから』学文社
・梅澤正（2001）『職業とキャリア』学文社
・エズラ・ヴォーゲル，広中和歌子・木本彰子訳（1979）『ジャパンアズナンバーワン　アメリカへの教訓』TBS ブリタニカ
・小野豊明（1992）『グローバル経済下　日本型企業経営の時代来る』マネジメント社
・金津健治（2009）『人事考課の実際』日本経済新聞出版社
・金森久雄・大森隆（2013）『日本経済読本』第 19 版　東洋経済新報社
・楠田丘（2006）『人を活かす人材評価制度』経営書院
・小宮和之（2004）『松下幸之助が惚れた男』ダイヤモンド社
・今野浩一郎・佐藤博樹（2002）『人事管理入門』日本経済新聞社
・経営学検定試験事件協議会監修（2004）『経営学検定試験公式テキスト』
・厚生労働省（2014）『知って役立つ労働法　働くときに必要な基礎知識』
・佐藤博樹・藤村博之・八代充史（2005）『新しい人事労務管理』有斐閣

- 佐藤陽子（2007）『はじめての人的資源マネジメント』有斐閣
- 杉村太郎・坂本章紀（2007）『エントリーシート』ダイヤモンド社
- 杉山浩一（2007）『人材と組織のマネジメントがよ〜くわかる本』秀和システム
- 鈴木好和（2014）『人的資源管理論』創成社
- 高橋荒太郎（2008）『語り継ぐ松下経営』PHP研究所
- 高橋俊介（2004）『ヒューマン・リソース・マネジメント』ダイヤモンド社
- 高良和武（2007）『インターンシップとキャリア』学文社
- 鶴岡公幸・石原美佳（2005）『ヒューマンキャピタルマネジメント』産業能率大学出版部
- 東海大学熊本教学課・阿蘇教学課キャリア支援担当（2015）『INTEGRATION 2015』
- P・ハーシィ，K・H・ブランチャード，D・E・ジョンソン，山本成二，山本あづさ訳（2008）『入門から応用 行動科学の展開』生産性本部
- フレデリックW・テイラー，有賀裕子訳（2009）『科学的管理法』ダイヤモンド社
- 馬越恵美子・桑名義晴編，異文化経営学会（2010）『異文化経営の世界 その理論と実践』白桃書房
- 松下電器産業創業五十周年記念行事準備委員会（1968）『松下電器五十年の略史』松下電器
- 松下電器『社員読本一・経営基本方針』松下電器社内配布
- 村上良三（2005）『人事マネジメントの理論と実践』学文社
- 松下幸之助（1978）『実践経営哲学』PHP研究所
- 宮田矢八郎（2001）『経営学100年の思想』ダイヤモンド社
- 八代充史（2014）『人的資源管理論【理論と制度】』中央経済社
- 山川隆一（2009）『労働契約法入門』日経文庫

事項索引

欧文

COC 事業　3
CSR　5, 102
GHQ　112
HRM　12, 13, 17
ICT　16
IT 革命　15
Off-JT　95, 96, 97
OJT　95, 97
PM　13
SNS　16
To-Collabo　4, 5
USR　6
X 理論・Y 理論　18, 25

ア行

安全衛生　69
育児休業制度　107
インターンシップ　7, 8, 10, 42
ウェブテスト　9, 10
衛生要因　27
衛生理論　27
エントリーシート　9, 10

カ行

科学的管理法　18, 20, 37
加点主義　76
ガバナンス　22
寛大化傾向　75
管理過程説　18, 21
官僚制　18, 22
機械破壊運動　12
企業別組合　37, 38, 93
北風と太陽　25
休憩時間　52
経営理念　29, 35
減点主義　76
工場法　17

サ行

裁量労働制　51
産業革命　15, 16
36 協定　54, 55
ジェンダー・フリー　100
時間外労働　54
仕事別賃金制度　111
七五三退社　94
終身雇用　38, 39, 93
終身雇用制　37
狩猟採集社会　15
ショップ制　91
初年次教育　5
ジョンソン＆ジョンソン　35
人事考課　73, 74, 78
生産年齢人口　2
セクシャルハラスメント　103
1800 時間　47
争議権　86

タ行

第 1 の波　15, 16
第 2 の波　15
第 3 の波　14, 15, 16
大学全入時代　1, 6
退職金前払い制度　66
ダイバーシティ・マネジメント　100, 105
対比誤差　75
団結権　86
男女雇用機会均等法　102, 103, 107
団体交渉権　86
チャーチズム運動　17
中心化傾向　75
賃金支払いの 5 原則　62
ディスクロージャー　22
ディーセント・ワーク　100, 102
動機づけ　27
動機づけ要因　27

ナ行

日本的経営　37
年功序列　93
年功序列慣行　38
年功序列制　37
年次有給休暇　53
年俸制　64
農業革命　15, 16
農耕牧畜時代　14
農耕牧畜社会　15

ハ行

ハインリッヒの法則　72
8時間労働　49, 50
8時間労働制　50
ハロー効果　75
パワー・ハラスメント　72
フォード方式　21
不当労働行為　90
フレックスタイム　48, 107, 116
フレックスタイム制　50
フレッシュマンゼミナール　6
歩一会　112
法定外福利費　68, 69
法定福利費　68, 69
ほうれんそう　45
ポジティブ・アクション　100, 103, 104

ホーソン実験　18, 23
ホワイトカラーエクゼンプション　48

マ行

松下電器（パナソニック）　i, ii, 32, 67, 108, 109, 110
マニュファクチャー　17
メンタルヘルス　71, 72
モダンタイムス　21
モチベーション　41, 60, 61, 122
モチベーションアップ　18
モラール　18
文科省　3

ヤ行

欲求の5段階説　18, 22, 23, 27

ラ行

リーダーシップ　25
労働組合　38, 86, 87, 89, 113
労働三権　90
労働法　47
論理的誤謬　75

ワ行

ワークシェアリング　57
ワーク・ライフ・バランス　56, 100

人名索引

ウェーバー　18, 22
ヴォーゲル　31
ジョブス　1
テイラー　18, 18, 21, 37
トフラー　14
ハーズバーグ　27, 61

ファヨール　18, 21
ホーソン　18
マグレガー　18, 25
マズロー　18, 22, 27
松下幸之助　i, 14, 31, 109, 110
メイヨー　18, 23

著者略歴

小野　豊和（おの　とよかず）

1947年東京に生れる。1971年早稲田大学第一政治経済学部経済学科を卒業し松下電器産業㈱に入社。人事・経営企画・広報・国際人事を担当。2002年（一社）日本在外企業協会に出向し業務部長、広報部長(兼)『月刊グローバル経営』編集長を経て2006年4月から東海大学政治経済学部経営学科専任教授、2012年4月より熊本に異動、総合経営学部マネジメント学科教授、2013年4月、新たに改組した経営学部経営学科教授となり今日に至る。松下電器では松下幸之助創業者から直接指導を受けた最後の世代で、ラジオ事業部人事部に始まり、EXPO'90国際緑と花の博覧会「松下館」館長代理広報担当、アトランタ夏季・長野冬季五輪広報担当、ペルー日本大使公邸占拠事件広報担当などの業績により1998年（一財）経済広報センター第14回企業広報賞「功労・奨励賞」受賞。日米社会保障協定締結に向け厚生労働省、日本在外企業協会、日本経団連、日本貿易会と連携した国会及び米国議会へ働きかけが功を奏し30年来の懸案であった日米社会保障協定締結実現に貢献。

所属学会　日本広報学会、関東社内報学会、組織学会、国際ビジネス研究学会、異文化経営学会、社会デザイン研究学会、実践経営学会、日本労働ペンクラブなど。

著　書　『企業広報論講義〜企業のレゾンデートルを支える広報の役割〜』文眞堂、2010。
　　　　『改訂版　実践企業広報―企業価値のはかり方』関西学院大学出版会、2004。
　　　　＜共著＞『ベンチャーハンドブック』水野博之監修、日刊工業出版、1998。
　　　　『異文化経営の世界』異文化経営学会著、2010。
　　　　『重返鑑真之路』折敷瀬興・小野豊和編、中国社会科学院文献出版社、2008。

論　文　「情報開示と障害者の自立」白桃書房（組織学会）、1998。「国際紛争におけるラジオの役割」日本広報学会、1998。「五輪と広報―松下グループの事例を中心に」日本広報学会『広報研究』第4号、2000。「感動の瞬間を伝えるデジタル技術のすべて―松下グループの長野オリンピックの取り組み」『THE21』1998.2、PHP研究所。「海外で企業が事件に遭遇したときの危機管理―松下電器に見るペルー日本大使公邸占拠事件のメディア対応」日本広報学会『広報研究』第6号。「1255年前を振り返る鑑真記念「逆渡航日中青年交流計画」の成果」異文化経営学会『異文化経営』第6号、2009。「明治生まれの2人のアントレプレナーのプラグマティズム考察〜松前重義と松下幸之助、同世代が歩んだ道から学ぶもの〜」東海大学経営学部紀要第1号、2013。他多数。

学生のためのHRM入門

2014年11月10日　第1版第1刷発行　　　　　　　　　　　　　　検印省略

著　者　小　野　豊　和
発行者　前　野　　　弘
発行所　㈱文眞堂

東京都新宿区早稲田鶴巻町533
電話　03（3202）8480
FAX　03（3203）2638
http://www.bunshin-do.co.jp
郵便番号 162-0041　振替 00120-2-96437

印刷・製本　モリモト印刷
© 2014
定価は表紙裏に表示してあります
ISBN978-4-8309-4843-5　C3034